LA MEJOR COLECCIÓN DE GALLETAS DE AZÚCAR

Domina el arte de las galletas de azúcar con 100 recetas divertidas

ANA ROJAS

Material con derechos de autor ©2023

Reservados todos los derechos

Ninguna parte de este libro puede usarse ni transmitirse de ninguna forma ni por ningún medio sin el debido consentimiento por escrito del editor y del propietario de los derechos de autor, excepto las breves citas utilizadas en una reseña. Este libro no debe considerarse un sustituto del asesoramiento médico, legal o de otro tipo profesional.

TABLA DE CONTENIDO

TABLA DE CONTENIDO 3
INTRODUCCIÓN 6
GALLETAS DE AZÚCAR CLÁSICAS 7
1. Galletas de Azúcar Clásicas 8
2. Galletas de azúcar Amish 10
3. Galletas básicas de azúcar y manteca 12
4. Galletas de azúcar molidas 14
5. Caja de pastel Galletas de Azúcar 16
6. Galletas de azúcar heladas 18
7. Galletas de mantequilla de azúcar moreno 20
8. Galletas de azúcar quemadas 22
9. Galletas de azúcar en tarro de galletas 24
10. Galletas de azúcar húmedas y desmenuzables 26
11. Galletas de azúcar crujientes 28
12. Galletas de azúcar de lujo 30
13. Galletas navideñas de azúcar 32
14. Galletas de azúcar sin grasa 34
15. Primeras galletas de azúcar cortadas y horneadas 36
16. Galletas de azúcar de arce dorado 38
17. Galletas de azúcar navideñas 40
18. Galletas de azúcar a la antigua usanza 42
19. Galletas enrolladas de maza de azúcar 45
20. Galletas de azúcar con sello de goma 47
21. Galletas de azúcar con crema agria 49
22. Speculaci galletas de azúcar durante la noche 52
23. Galletas de azúcar de San Valentín 54
24. Zaccarini (galletas de azúcar italianas) 56
GALLETAS DE AZÚCAR CON NUECES 58
25. Galletas de azúcar y almendras 59
26. Galletas de azúcar y pistacho 61
27. Galletas de nueces y azúcar moreno 63
28. Galletas de azúcar de nuez 65
29. Ghouribi (galletas de azúcar marroquíes) 67
30. Galletas de azúcar con pasta de almendras 69
31. Galletas de azúcar brickle de almendras 71
32. Galletas De Azúcar Crujientes De Almendras 73
33. Galletas de azúcar y nueces y arce 75
34. Galletas de azúcar espresso con avellanas 77
35. Galletas de azúcar y chocolate blanco con nueces de macadamia 79
36. Galletas de azúcar, pistacho y arándano 81
37. Galletas de azúcar y mantequilla de anacardo 83
38. Galletas de azúcar y macarrones con coco 85
39. Galletas de azúcar y mantequilla integral con nueces 87
40. Galletas de azúcar con chispas de chocolate y mantequilla de maní 89

GALLETAS DE AZÚCAR PICANTES **91**
    41. Galletas de azúcar y jengibre 92
    42. Galletas de azúcar Winkler 94
    43. Galletas de azúcar y melaza 96
    44. Galletas de azúcar del suroeste 98
    45. Soltar galletas de azúcar 100
    46. Galletas de especias con azúcar moreno 102
    47. Galletas de azúcar y canela 104
    48. Galletas de azúcar y nuez moscada 106
    49. Galletas de azúcar, canela y cayena 108
    50. Galletas de azúcar y jengibre especiadas 110
    51. Galletas de azúcar con chile y cardamomo 112
    52. Galletas de azúcar, clavo y pimienta negra 114
    53. Galletas de azúcar, lima y chile 116
    54. Galletas de azúcar con azafrán, pistacho 118
GALLETAS DE AZÚCAR CON CHOCOLATE **120**
    55. Galletas de azúcar y chocolate Godiva 121
    56. Galletas de azúcar con gotas de chocolate 123
    57. Galletas de azúcar y chocolate blanco 125
    58. Galletas de azúcar y chocolate doble 127
    59. Galletas de azúcar en forma de remolino de Nutella 129
    60. Galletas de azúcar y naranja con chocolate amargo 131
    61. Tazas para galletas de azúcar Hersheys 133
    62. Galletas de azúcar y chocolate blanco con frambuesa 135
OBLEAS DE GALLETAS DE AZUCAR **137**
    63. Galletas de oblea de azúcar de San Valentín 138
    64. Galletas de azúcar y oblea de vainilla 141
    65. Galletas de azúcar y oblea de limón 143
    66. Galletas de azúcar y oblea de almendras 145
    67. Galletas de azúcar y oblea de coco 147
    68. Galletas de azúcar y oblea de chocolate 149
GALLETAS DE AZÚCAR HELADAS **151**
    69. Galletas De Azúcar Con Glaseado De Crema De Mantequilla 152
    70. Galletas de azúcar recortadas glaseadas 154
    71. Cosecha de galletas de azúcar 156
    72. Paquete de ayuda: galletas de chocolate y azúcar 159
    73. Galletas de azúcar moreno y nueces 161
GALLETAS DE AZÚCAR CON FRUTOS **164**
    74. Galletas de azúcar rellenas de albaricoque 165
    75. Galletas de azúcar y cereza 167
    76. Galletas de azúcar y limón 170
    77. Galletas de azúcar recortadas de manzana 172
    78. Galletas de Pascua con azúcar, naranja, jengibre 174
GALLETAS DE AZÚCAR CON HIERBAS **176**
    79. Gotas de galleta de azúcar, chocolate y menta 177
    80. Galletas de azúcar, naranja y romero 179

81. Galletas de azúcar de albahaca y naranja 181
82. Galletas de azúcar con tomillo y miel 183
83. Galletas de azúcar con salvia y mantequilla morena 185
84. Galletas de azúcar con eneldo y ajo 187

GALLETAS DE AZÚCAR CARAMELO **189**
85. Recortes coloridos de galletas de azúcar de M&M 190
86. Galletas de azúcar con forma de piruleta 193
87. Galletas de azúcar con taza de mantequilla de maní 195
88. Galletas de azúcar Skittles 197
89. Galletas de azúcar Kisses de Hershey 199
90. Galletas de azúcar Snickers 201
91. Galletas de azúcar con corteza de menta 203
92. Galletas de azúcar Almond Joy 205
93. Galletas de azúcar y gominolas 207
94. Galletas de azúcar de osito de goma 209

GALLETAS DE AZÚCAR CON QUESO **211**
95. Galletas de azúcar y queso crema 212
96. Galletas de azúcar con hierbas y queso cheddar 214
97. Galletas de azúcar con parmesano y romero 216
98. Galletas de azúcar Gouda y pimienta negra 218
99. Galletas De Queso Azul Y Azúcar De Nueces 220
100. Galletas de azúcar con queso feta y tomates secos 222

CONCLUSIÓN **224**

INTRODUCCIÓN

Ingrese al encantador reino de "La mejor colección de galletas de azúcar", donde cada página de este libro de cocina lo invita a un delicioso viaje al corazón del dulce dominio. Aquí te extendemos una invitación caprichosa, animándote a embarcarte en una aventura que explora el arte de las galletas de azúcar y te anima a dominar el oficio con un espíritu lúdico. En la magia de estas páginas, cada receta se convierte en un testimonio de la alegría incomparable que se deriva de crear y disfrutar de estas delicias eternas.

Imagine su cocina como un santuario lleno del embriagador aroma de la vainilla, donde el aire se llena de anticipación a medida que formas deliciosas toman forma y emergen del horno. "La mejor colección de galletas de azúcar" trasciende los límites convencionales de un libro de cocina; es una experiencia inmersiva: un viaje al cautivador mundo de las galletas de azúcar donde la creatividad no conoce límites. Mientras profundizamos en 100 divertidas recetas, prepárese para descubrir los secretos, las técnicas y las deliciosas variaciones que transforman las galletas de azúcar en un lienzo para la expresión culinaria.

Entonces, querido lector, únete a nosotros en esta dulce escapada, donde cada galleta se convierte en una pincelada de sabor y cada bocado es una celebración del arte que transforma mágicamente ingredientes simples en obras maestras comestibles. Aquí, la cocina se convierte en un patio de recreo y tu creatividad ocupa un lugar central mientras explic las infinitas posibilidades que ofrecen las galletas de azúcar.

Al pasar las páginas de esta colección, imagine cada receta no solo como un conjunto de instrucciones sino como una puerta a un mundo donde el placer de hornear y el deleite de saborear se entrelazan a la perfección. Desde formas clásicas hasta creaciones imaginativas, desde técnicas tradicionales hasta giros inventivos, estas páginas contienen la clave para desbloquear todo el potencial de las galletas de azúcar.

Únase a nosotros en esta dulce odisea, donde cada galleta es un cuento y cada bocado es una celebración del arte caprichoso que convierte momentos ordinarios en recuerdos extraordinarios. Que tu cocina se convierta en un paraíso de creatividad y que cada galleta de azúcar que elabores sea un testimonio del espíritu lúdico que hace que hornear sea un arte. ¡Feliz horneado!

GALLETAS DE AZÚCAR CLÁSICAS

1. Galletas De Azúcar Clásicas

INGREDIENTES:
- 1 mezcla para pastel de chocolate blanco de 18.25 onzas
- ¾ taza de mantequilla
- 2 claras de huevo
- 2 cucharadas de crema ligera

INSTRUCCIONES:
a) Coloque la mezcla para pastel en un tazón grande. Con una batidora de repostería o dos tenedores, corte la mantequilla hasta que las partículas estén finas.
b) Incorpora las claras de huevo y la crema hasta que se mezclen. Forme una bola con la masa y cubra.
c) Enfríe durante al menos dos horas y hasta 8 horas en el refrigerador.
d) Precalienta el horno a 375°F.
e) Enrolle la masa en bolas de 1" y colóquelas en bandejas para hornear sin engrasar. Aplane hasta obtener ¼" de espesor con el fondo de un vaso.
f) Hornee durante 7 a 10 minutos o hasta que los bordes de las galletas estén ligeramente dorados.
g) Deje enfriar en bandejas para hornear galletas durante 2 minutos, luego retírelo a rejillas para que se enfríe por completo.

2.galletas de azúcar amish

INGREDIENTES:

- ½ taza de Azúcar;
- ⅓ taza de azúcar en polvo;
- ¼ de taza de margarina; (1/2 barra)
- ⅓ taza de aceite vegetal
- 1 huevo; (grande)
- 1 cucharadita de vainilla
- 1 cucharadita de saborizante de limón o almendras
- 2 cucharadas de agua
- 2¼ taza de harina para todo uso
- ½ cucharadita de bicarbonato de sodio
- ½ cucharadita de crémor tártaro;
- ½ cucharadita de sal

INSTRUCCIONES:

a) Coloque los azúcares, la margarina y el aceite en el bol de una batidora y mezcle a velocidad media hasta que quede cremoso. Agrega el huevo, la vainilla, el saborizante y el agua, y mezcla a velocidad media durante 30 segundos, raspando el bol antes y después de agregar estos ingredientes.

b) Mezcle los ingredientes restantes para mezclar bien; agregue a la mezcla cremosa y mezcle a velocidad media para mezclar. Forme 24 bolas con la masa usando 1 cucharada de masa por bola.

c) Coloque las bolas en bandejas para hornear que hayan sido rociadas con spray para moldes o forradas con papel de aluminio. Presione las bolas hacia abajo uniformemente hasta ½' con el dorso de una cucharada mojada en agua. Hornee a 375 durante 12 a 14 minutos, o hasta que las galletas estén doradas en la parte inferior y ligeramente doradas en los bordes. Retire las galletas a una rejilla y déjelas enfriar a temperatura ambiente.

3. Galletas básicas de azúcar y manteca

INGREDIENTES:
- ¾ taza de manteca de cerdo
- ¾ taza de azúcar moreno envasada
- 1 cada huevo
- 1 cucharadita de vainilla
- 1 cucharadita de polvo para hornear
- 2 tazas de harina

INSTRUCCIONES:
a) Batir la manteca de cerdo, el azúcar y el huevo hasta que estén cremosos y bien mezclados.
b) Agrega la vainilla y agrega el polvo para hornear y la harina hasta que se forme una masa.
c) Forme bolas con la masa de aproximadamente 1 pulgada de diámetro y colóquelas en una bandeja para hornear galletas.
d) Aplana ligeramente las bolas con los dedos para hacer una galleta redonda.
e) Hornee en horno precalentado a 350 hasta que los bordes estén bien dorados. Retirar y dejar enfriar.

4. Galletas de azúcar molidas

INGREDIENTES:
- 1¼ taza de azúcar
- 1 taza de mantequilla, ablandada
- 3 yemas de huevo grandes, batidas
- 1 cucharadita de extracto de vainilla
- 2½ taza de harina para todo uso tamizada
- 1 cucharadita de bicarbonato de sodio
- ½ cucharadita de crémor tártaro

INSTRUCCIONES:
a) Precalentar el horno a 350 grados. Engrase ligeramente dos bandejas para hornear galletas. Batir el azúcar y la mantequilla hasta que estén suaves. Incorpora las yemas y la vainilla.

b) Tamice juntos la harina tamizada, el bicarbonato de sodio y el crémor tártaro, luego incorpórelos a la mezcla de mantequilla y azúcar.

c) Forme bolas del tamaño de una nuez con la masa. Colóquelas a 2" de distancia en las bandejas para hornear galletas. No las aplane. Hornee durante aproximadamente 11 minutos, hasta que la parte superior esté agrietada y adquiera color. Deje enfriar sobre una rejilla.

5.Caja de pastel Galletas de Azúcar

INGREDIENTES:
- mezcla para pastel de chocolate blanco de 18.25 onzas
- ¾ taza de mantequilla
- 2 claras de huevo
- 2 cucharadas de crema ligera

INSTRUCCIONES:
a) Coloque la mezcla para pastel en un tazón grande. Con una batidora de repostería o dos tenedores, corte la mantequilla hasta que las partículas estén finas.
b) Incorpora las claras de huevo y la crema hasta que se mezclen. Forme una bola con la masa y cubra.
c) Enfríe durante al menos dos horas y hasta 8 horas en el refrigerador.
d) Precalienta el horno a 375°F.
e) Enrolle la masa en bolas de 1" y colóquelas en bandejas para galletas sin engrasar. Aplánelas hasta que tengan un grosor de ¼" con el fondo del vaso.
f) Hornee durante 7 a 10 minutos o hasta que los bordes de las galletas estén ligeramente dorados.
g) Deje enfriar en bandejas para hornear galletas durante 2 minutos, luego retírelo a rejillas para que se enfríe por completo.

6. Galletas de azúcar heladas

INGREDIENTES:
- 1 taza de harina para todo uso
- ¼ cucharadita de bicarbonato de sodio
- ⅛ cucharadita de sal
- 4 cucharadas de margarina en barra, ablandada
- ⅔ taza de azúcar granulada
- 1 cucharadita de extracto de vainilla
- 1 clara de huevo grande
- Spray para cocinar

INSTRUCCIONES:
a) En un bol, combine los primeros 3 ingredientes (harina, bicarbonato de sodio, sal) y reserve.
b) Batir la margarina ablandada a velocidad media con una batidora hasta que esté suave y esponjosa. Agrega poco a poco el azúcar, batiendo hasta que esté bien mezclado. Agrega el extracto de vainilla y la clara de huevo, batiendo bien.
c) Agregue gradualmente la mezcla de harina a los ingredientes húmedos, revolviendo hasta que estén bien mezclados.
d) Coloque la masa sobre papel encerado y déle forma de tronco de 6 pulgadas. Envuelva el tronco en papel encerado y congélelo durante 3 horas o hasta que esté muy firme.
e) Precalienta el horno a 350°F (180°C).
f) Corte el tronco congelado en 24 rebanadas (¼ de pulgada) y colóquelas a 1 pulgada de distancia en una bandeja para hornear cubierta con aceite en aerosol. Puedes utilizar hilo dental o un cuchillo afilado para cortar.
g) Hornee a 350°F durante 8 a 10 minutos o hasta que los bordes estén ligeramente dorados.
h) Retire las galletas de la sartén y déjelas enfriar sobre rejillas.

7. Galletas de mantequilla de azúcar moreno

INGREDIENTES:
- 1 taza de mantequilla sin sal, temperatura ambiente
- 1 taza de azúcar moreno claro envasada
- 2 tazas de harina para todo uso
- ¼ cucharadita de sal
- 1 cucharada de azúcar
- 1 cucharadita de canela molida

INSTRUCCIONES:
a) Precalienta el horno a 325 grados Fahrenheit. Unte con mantequilla ligeramente un molde desmontable de 9 pulgadas .
b) Con una batidora eléctrica, bata 1 taza de mantequilla a temperatura ambiente en un tazón más grande hasta que esté suave y esponjosa.
c) Agrega el azúcar moreno claro envasado y bate bien.
d) Con una espátula de goma, mezcle la harina para todo uso y la sal. Tenga cuidado de no mezclar demasiado.
e) Presione la masa en el molde preparado.
f) En un tazón pequeño, combine el azúcar y la canela molida. Espolvorea la mezcla de azúcar y canela sobre la masa.
g) Corta la masa en 12 trozos, usando una regla como guía y cortando la masa. Perfora cada cuña varias veces con un palillo.
h) Hornee hasta que las galletas de mantequilla estén doradas, firmes en los bordes y ligeramente blandas en el centro, aproximadamente 1 hora.
i) Enfríe las galletas de mantequilla completamente en el molde sobre una rejilla. Retire los lados del molde desmontable .
j) Vuelva a cortar la galleta en gajos.
k) ¡Disfruta de estas deliciosas galletas de mantequilla de azúcar moreno con un equilibrio perfecto entre dulzura y calidez de la canela!

8. Galletas de azúcar quemadas

INGREDIENTES:
- 2 tazas de azúcar
- 1 taza de agua hirviendo
- 3 huevos
- 1 taza de manteca de cerdo
- 1 cucharada de jengibre molido
- 1 taza de leche agria
- 2 tazas de azúcar
- Una pizca de sal
- 3 cucharadas de bicarbonato de sodio
- Harina (cantidad no especificada, usar según sea necesario)

INSTRUCCIONES:
a) Pon 2 tazas de azúcar en una sartén y revuelve hasta que se derrita. Retirar del fuego cuando la melaza se haya vuelto de color marrón oscuro.
b) Vierte 1 taza de agua hirviendo en la melaza después de retirarla del fuego.
c) Mientras se enfría la melaza, mezcle los huevos, la manteca de cerdo, el jengibre molido, la leche agria y una pizca de sal.
d) Pon bicarbonato de sodio en la melaza y revuelve bien.
e) Vierta la mezcla de melaza en la mezcla de huevo y revuelva.
f) Incorpora suficiente harina para formar una masa firme.
g) Precalienta el horno a 375°F (190°C).
h) Deje caer la masa para galletas a cucharaditas en una bandeja para hornear.
i) Hornea en el horno precalentado. El tiempo no está especificado, por lo que se recomienda comprobarlo después de 8-10 minutos y ajustarlo en consecuencia.
j) ¡Disfruta de estas exclusivas galletas de azúcar quemada con un rico sabor caramelizado!

9.Galletas De Azúcar En Tarro De Galletas

INGREDIENTES:
- ⅔ taza de manteca vegetal
- ¾ taza de azúcar
- 1 huevo
- ½ cucharadita de vainilla
- ½ cucharadita de piel de naranja rallada
- 2 tazas de harina enriquecida tamizada
- 1½ cucharaditas de polvo para hornear
- ¼ cucharadita de sal
- 4 cucharaditas de leche

INSTRUCCIONES:
a) Batir bien la manteca vegetal y el azúcar.
b) Agrega el huevo, bate hasta que la mezcla esté ligera y esponjosa.
c) Agrega la vainilla y la piel de naranja rallada; mezclar bien.
d) Tamizar los ingredientes secos; agregue la mezcla de crema junto con la leche.
e) Divide la masa por la mitad. Enfríe durante 1 hora hasta que sea fácil de manipular. Extiende una mitad y mantén la otra fría hasta que estés listo para enrollarla.
f) Enrolle la masa hasta que tenga un espesor de ⅛ a ¼ de pulgada.
g) Corta la masa en las formas deseadas y colócalas en una bandeja para hornear engrasada.
h) Espolvorea ligeramente con azúcar.
i) Hornee en horno moderado (375°F o 190°C) durante unos 10 minutos.
j) ¡Disfruta de estas deliciosas Galletas de Azúcar Cooky -Jar con un toque de sabor a naranja!

10. Galletas de azúcar húmedas y desmenuzables

INGREDIENTES:
- ¾ taza de mantequilla
- 1 taza de azúcar
- 2 huevos
- 1 cucharadita de vainilla
- 2½ tazas de harina para todo uso
- 1 cucharadita de polvo para hornear
- 1 cucharadita de sal

INSTRUCCIONES:
a) Tamizar juntos la harina, la levadura en polvo y la sal. Dejar de lado.
b) En un recipiente aparte, bata la mantequilla, el azúcar, los huevos y la vainilla.
c) Agregue los ingredientes tamizados hasta que estén bien combinados.
d) Enfríe bien la masa, durante al menos 2 horas.
e) Precalienta el horno a 400 grados Fahrenheit.
f) Estire la masa, un segmento a la vez, hasta un espesor de ⅛ de pulgada.
g) Corta la masa con un cortador de galletas y coloca las galletas en una bandeja para hornear sin engrasar.
h) Hornee durante 6-8 minutos. Tenga cuidado de no hornear demasiado.
i) ¡Disfruta de estas galletas de azúcar húmedas y desmenuzables con una textura deliciosa!

11. Galletas Crujientes De Azúcar

INGREDIENTES:
- 1½ tazas de azúcar granulada C y H
- 1 taza de manteca vegetal (parte mantequilla para darle sabor)
- 2 huevos, sin batir
- 3 cucharadas de crema agridulce
- 1 cucharadita de vainilla
- ½ cucharadita de extracto de limón
- 3 tazas de harina para todo uso
- ½ cucharadita de refresco
- ½ cucharadita de sal

INSTRUCCIONES:
a) Agregue gradualmente el azúcar a la manteca vegetal y bata hasta que quede esponjoso.
b) Batir los huevos, uno a la vez.
c) Agrega la crema y el saborizante.
d) Combine la harina, el refresco y la sal. Agregue a la mezcla de crema y mezcle bien. Enfriar la masa.
e) Extienda pequeñas cantidades a la vez, muy finas, sobre una tabla o lienzo ligeramente enharinado.
f) Cortar con cortadores de galletas de varias formas.
g) Coloque las galletas cortadas en una bandeja para hornear sin engrasar.
h) Espolvoree con azúcar granulada o coloreada adicional.
i) Hornee en un horno a 400 grados durante 6 a 9 minutos, hasta que esté dorado.
j) ¡Disfruta de estas crujientes y deliciosas galletas de azúcar!

12. Galletas de azúcar de lujo

INGREDIENTES:
- 1 taza de mantequilla o margarina, ablandada
- 1½ tazas de azúcar glas
- 1 huevo batido
- 1 cucharadita de extracto de vainilla
- ½ cucharadita de extracto de almendras
- 2½ tazas de harina para todo uso
- 1 cucharadita de bicarbonato de sodio
- 1 cucharadita de crémor tártaro

INSTRUCCIONES:
a) En un tazón, mezcle la mantequilla y el azúcar glas.
b) Agrega el huevo batido y los extractos a la mezcla de crema.
c) En un recipiente aparte, combine la harina, el bicarbonato de sodio y el crémor tártaro. Agregue gradualmente esta mezcla seca a la mezcla de crema y mezcle bien. Enfriar la masa durante al menos 1 hora.
d) Sobre una superficie ligeramente espolvoreada con azúcar glas, extienda un cuarto de la masa hasta obtener un grosor de ⅛ de pulgada.
e) Corta la masa enrollada en las formas deseadas.
f) Coloque los recortes en bandejas para hornear sin engrasar.
g) Repite el proceso de enrollado y corte con la masa restante.
h) Hornee a 350 grados Fahrenheit durante 7 a 8 minutos o hasta que los bordes comiencen a dorarse.
i) ¡Disfruta de estas galletas de azúcar de lujo, perfectas para cualquier ocasión!

13. Galletas Navideñas de Azúcar

INGREDIENTES:
- 1 taza de azúcar
- 3 tazas de harina tamizada
- 1½ cucharaditas de ralladura de limón
- 2 tazas de mantequilla, ablandada
- 2 yemas de huevo grandes

INSTRUCCIONES:
a) Batir el azúcar y la mantequilla en un tazón mediano.
b) Incorpora las yemas de huevo.
c) Agrega la harina tamizada y la piel de limón rallada. Amasar suavemente. No trabajes demasiado la masa, pero asegúrate de que quede consistente.
d) Enfriar la masa durante 3 horas.
e) Precalienta el horno a 350°F.
f) Estirar la masa fría con un rodillo.
g) Cortar en las formas deseadas y colocar en bandejas para hornear engrasadas.
h) Hornee hasta que la parte superior adquiera un color marrón rosado, aproximadamente 8 minutos.
i) ¡Disfruta de estas festivas galletas de azúcar navideñas, perfectas para las celebraciones navideñas!

14. Galletas de azúcar sin grasa

INGREDIENTES:
- 4 onzas de batidores de huevos con 99% de sustituto de huevo
- 2 tazas de azúcar
- 2 cucharaditas de polvo de hornear
- ¼ cucharadita de sal
- 2 cucharaditas de vainilla
- 2 tazas de harina

INSTRUCCIONES:
a) Precalienta el horno a 350 grados Fahrenheit.
b) En un tazón mediano, mezcle los ingredientes anteriores uno a la vez.
c) Licue bien después de cada adición; la masa debe estar bastante seca.
d) Coloque la masa en una bandeja para hornear galletas que haya sido ligeramente rociada con aceite en aerosol.
e) Hornee durante unos 10-12 minutos.
f) Deje enfriar durante unos 3-5 minutos antes de retirarlo de la bandeja para hornear.
g) ¡Disfruta de estas galletas de azúcar sin grasa como una alternativa más ligera!

15. Primeras galletas de azúcar cortadas y horneadas

INGREDIENTES:
- 1¾ tazas de harina
- ¾ cucharadita de sal
- ½ cucharadita de polvo para hornear
- 10 cucharadas de mantequilla (margarina/manteca vegetal), a temperatura ambiente
- 1 taza de azúcar
- 1 huevo
- 1½ cucharaditas de extracto de vainilla
- 1½ tazas de nueces o pecanas, finamente picadas (opcional)

INSTRUCCIONES:
a) Combine la harina, la sal y el polvo para hornear.
b) Con una batidora eléctrica a velocidad media-baja, bate la mantequilla y el azúcar hasta que esté suave y esponjosa.
c) Batir el huevo y la vainilla.
d) Reduzca la velocidad a baja y agregue la mezcla de harina hasta que esté combinada.
e) Divida la masa por la mitad y forme un tronco con cada pieza de aproximadamente 1" de diámetro.
f) Cubra con una envoltura de plástico y gire los extremos de la envoltura para forzar la masa a formar un cilindro suave.
g) Refrigere hasta que esté casi firme, aproximadamente 30 minutos.
h) Extienda aproximadamente la mitad de las nueces sobre una superficie de trabajo. Enrolle un tronco en las nueces para cubrir toda la superficie. Vuelva a envolver y enfríe durante al menos 30 minutos.
i) Repita con el otro registro.
j) Precalienta el horno a 350°F.
k) Corta la masa fría en rodajas de aproximadamente ⅜" de grosor.
l) Colóquelos en bandejas para hornear sin engrasar a una distancia de aproximadamente 2 "y hornee hasta que los bordes comiencen a dorarse, aproximadamente de 8 a 10 minutos.

16. Galletas de azúcar de arce dorado

INGREDIENTES:
- 2½ tazas de harina tamizada
- 1 cucharadita de bicarbonato de sodio
- 1 cucharadita de crémor tártaro
- ¼ cucharadita de sal
- 1⅓ tazas de Crisco con sabor a mantequilla
- 1½ cucharaditas de vainilla
- 2 cucharadas de jarabe de arce puro
- 2 tazas de azúcar
- 2 yemas de huevo

INSTRUCCIONES:
a) Tamizar juntos la harina, el bicarbonato de sodio, el crémor tártaro y la sal. Dejar de lado.
b) En un tazón, mezcle (bata) el Crisco, la vainilla y el jarabe de arce hasta que estén bien mezclados.
c) Agrega poco a poco el azúcar, batiendo hasta que la mezcla esté ligera y esponjosa.
d) Agrega las yemas de huevo una a la vez, batiendo bien después de cada adición.
e) Agregue lentamente los ingredientes secos tamizados y bata hasta que se mezclen.
f) Haga bolas de aproximadamente 1½ pulgadas de diámetro y colóquelas a 2 pulgadas de distancia en una bandeja para hornear sin engrasar.
g) Hornee a 350 grados durante 9 a 11 minutos o hasta que los bordes comiencen a dorarse.
h) Deje que las galletas se enfríen durante al menos dos minutos en la bandeja antes de transferirlas a una rejilla para que se enfríen por completo.

17. Galletas de azúcar navideñas

INGREDIENTES:
- 1 taza de mantequilla o margarina, ablandada
- 1½ tazas de azúcar glass
- 1 huevo, ligeramente batido
- 1 cucharadita de extracto de vainilla
- 1 cucharadita de extracto de almendras
- 2½ tazas de harina para todo uso
- Azúcar para decorar, opcional

INSTRUCCIONES:
a) Batir la mantequilla y el azúcar en un bol.
b) Agrega el huevo y los extractos. Agrega la harina; mezclar bien. Enfriar varias horas.
c) Enrolle la masa hasta que tenga un grosor de ¼ de pulgada sobre una superficie ligeramente enharinada.
d) Cortar con un cortador de galletas de 2½ o 3 pulgadas.
e) Colóquelas en bandejas para hornear sin engrasar; espolvorea con azúcar, si lo deseas.
f) Hornee a 375°F durante 8 a 10 minutos o hasta que esté ligeramente dorado.

18. Galletas de azúcar a la antigua usanza

INGREDIENTES:
- 1 taza de mantequilla
- ½ taza de azúcar moreno ligeramente compactado
- ½ taza de azúcar
- 1 huevo
- ½ cucharadita de vainilla
- 2 tazas de harina
- 1 cucharadita de bicarbonato de sodio
- 1 cucharadita de crémor tártaro
- de colores, fruta confitada o caramelos decorativos para decorar

Glaseado de glaseado (opcional):
- 1 taza de azúcar glas
- 1½ cucharadas de Leche
- Colorante alimenticio

INSTRUCCIONES:
a) Batir la mantequilla.
b) Agrega el azúcar moreno y el azúcar, bate hasta que esté suave y esponjoso.
c) Batir el huevo y luego la vainilla.
d) Tamizar juntos la harina, el bicarbonato de sodio y el crémor tártaro.
e) Agregue gradualmente los ingredientes secos a la mezcla de crema, revolviendo solo hasta que estén bien mezclados.
f) Divida la masa en dos, envuelva cada mitad en papel encerado y déjala enfriar durante 3 horas o más.
g) Precalienta el horno a 375°F.
h) Extienda la masa hasta que tenga un grosor de ¼" o menos, trabajando poco a poco.
i) Corta las galletas con la forma deseada y, con una espátula de metal, colócalas en bandejas para horno. Deje un espacio de aproximadamente 1 ½" entre las galletas para que se expandan.
j) Decora como desees. (Si desea decorar con glaseado, hágalo después de que las galletas se hayan horneado y enfriado).
k) Hornee por 8 minutos o hasta que esté ligeramente dorado.
l) Deje enfriar sobre rejillas.
m) Glaseado de glaseado opcional:
n) Prepare el glaseado si lo desea y coloque hielo en las galletas.
o) Para hacer el glaseado, combine el azúcar glas y la leche en un tazón pequeño. Revuelva hasta que quede suave.
p) Para obtener un glaseado verde o rosa, agregue unas gotas de colorante alimentario y mezcle bien.
q) Extienda el glaseado sobre las galletas después de hornearlas y enfriarlas.
r) Si desea adornar el glaseado con caramelos de colores o trozos de cerezas, hágalo inmediatamente antes de que el glaseado se endurezca demasiado.
s) Almacenar en un recipiente hermético.

19.Galletas enrolladas de maza de azúcar

INGREDIENTES:
- 1 taza de azúcar
- ½ taza de mantequilla, ablandada
- 1 huevo
- ¼ taza de leche
- ½ cucharadita de vainilla
- 2¼ taza de harina
- 2 cucharaditas de polvo de hornear
- ½ cucharadita de maza
- ½ cucharadita de sal

INSTRUCCIONES:
a) Batir el azúcar y la mantequilla.
b) Agrega el huevo, la leche y la vainilla; Golpea bien.
c) Mezcle la harina, el polvo para hornear, la macis y ½ cucharadita de sal; mezcle con la mezcla de crema.
d) Divide la masa por la mitad. Cubra y enfríe durante 1 hora.
e) Sobre una superficie ligeramente enharinada, enrolle cada mitad hasta que tenga un grosor de ⅛ de pulgada.
f) Cortar con cortadores de galletas.
g) Hornee en una bandeja para hornear sin engrasar a 375 °F durante 7 a 8 minutos.

20. Sello De Goma Galletas De Azúcar

INGREDIENTES:
- ½ taza de mantequilla
- ¾ taza de azúcar
- 1 huevo grande
- 1 cucharada de leche o crema
- ¼ cucharadita de sal
- 2 tazas de harina
- ¼ cucharadita de nuez moscada O 1 cucharadita de extracto de vainilla

INSTRUCCIONES:
a) Batir la mantequilla y el azúcar.
b) Batir el huevo y luego agregar la leche. Agrega vainilla si usas nuez moscada; omítalo si usa extracto de vainilla.
c) Mezcle la sal y la nuez moscada (o extracto de vainilla) con la harina.
d) Mezclar la harina con la masa.
e) Amasar la masa y luego enfriar durante 20 minutos.
f) Dale forma de galleta a la masa.
g) Hornee a 350°F durante 10 a 12 minutos.

21. Galletas De Azúcar Con Crema Agria

INGREDIENTES:
- 3 tazas de harina para todo uso
- ½ cucharadita de nuez moscada molida
- ½ cucharadita de bicarbonato de sodio
- ¼ cucharadita de sal
- 1 taza de mantequilla, ablandada
- 1 taza de azúcar
- 2 yemas de huevo
- ¼ taza de crema agria láctea
- 1 cucharadita de vainilla
- Glaseado de azúcar en polvo (opcional):
- 2 tazas de azúcar en polvo tamizada
- ½ cucharadita de vainilla
- 1 a 2 cucharadas de Leche

INSTRUCCIONES:
a) En un tazón, mezcle la harina, la nuez moscada, el bicarbonato de sodio y la sal; dejar de lado.
b) En un tazón grande, bata la mantequilla durante unos 30 segundos. Agrega el azúcar, las yemas de huevo, la crema agria y la vainilla. Batir hasta que esté bien combinado.
c) Agrega la mitad de la mezcla de harina y bate hasta que se combinen. Agrega la mezcla de harina restante con una cuchara de madera.
d) Divide la masa por la mitad. Si es necesario, cubra y enfríe la masa hasta que sea fácil de manipular (aproximadamente 1 hora).
e) Sobre una superficie enharinada, extienda la masa, de la mitad a la vez, hasta obtener ⅛ de pulgada de espesor. Cortar en las formas deseadas con cortadores de galletas.
f) Colóquelas en bandejas para hornear galletas sin engrasar. Hornee en un horno a 350 °F durante 5 a 7 minutos o hasta que los bordes estén firmes y la base ligeramente dorada.
g) Transfiera a rejillas para que se enfríe.
h) Glaseado de azúcar en polvo (opcional):
i) En un tazón, combine el azúcar en polvo tamizada y la vainilla.
j) Agrega de 1 a 2 cucharadas de leche hasta que el glaseado alcance la consistencia deseada. Agregue más leche para diluir, si es necesario.
k) Glasear las galletas sumergiendo la superficie superior en el glaseado. Deje que el exceso de glaseado gotee de las galletas y déjelas secar sobre una rejilla colocada sobre papel encerado.
l) Si lo desea, pinte diseños en cada galleta con colorante para alimentos usando un pincel pequeño.
m) ¡Disfruta de tus galletas de azúcar con crema agria!

22. Speculaci galletas de azúcar durante la noche

INGREDIENTES:
- 4½ tazas de harina
- 2¼ tazas de Azúcar
- ½ libra de mantequilla (NO margarina)
- 3 huevos
- 1 cucharadita de polvo para hornear
- ½ cucharadita de canela (opcional)

INSTRUCCIONES:
a) Batir la mantequilla y el azúcar.
b) Agrega los huevos batidos y mezcla bien.
c) Luego agregue la harina y la levadura en polvo. Enfríe la masa durante aproximadamente una hora o más.
d) Estirar la masa sobre una superficie enharinada y cortar con cortadores de galletas.
e) Deja reposar las galletas durante la noche.
f) Al día siguiente, puedes colocar sobre las galletas azúcar de color, azúcar normal o dejarlas sin ningún topping.
g) Hornee a 350°F. Ten cuidado de que no se doren demasiado rápido.
h) Nota: Otra forma de utilizar esta masa es cortarla en forma de rombos. Déjalos reposar toda la noche. A la mañana siguiente, batir una clara de huevo firme y pincelar cada diamante. Luego agregue las nueces finamente picadas.

23. Galletas De Azúcar De San Valentín

INGREDIENTES:
- 1 taza de mantequilla o margarina, ablandada
- 1½ tazas de azúcar glas
- 1 huevo, ligeramente batido
- 1 cucharadita de extracto de vainilla
- 1 cucharadita de extracto de almendras
- 2½ tazas de harina para todo uso
- Azúcar rojo para decorar (opcional)

INSTRUCCIONES:
a) En un tazón, mezcle la mantequilla blanda y el azúcar glas.
b) Agrega el huevo ligeramente batido, el extracto de vainilla y el extracto de almendras. Mezclar bien.
c) Agregue la harina para todo uso hasta que la masa esté bien combinada. Enfriar la masa durante varias horas.
d) Precalienta el horno a 375°F.
e) Sobre una superficie ligeramente enharinada, extienda la masa fría hasta que tenga un espesor de ¼ de pulgada.
f) Utilice un cortador de galletas con forma de corazón de 2½ o 3 pulgadas para cortar las galletas.
g) Coloque las galletas recortadas en bandejas para hornear sin engrasar. Si lo desea, espolvoree con azúcar decorativa roja.
h) Hornee en el horno precalentado de 8 a 10 minutos o hasta que los bordes estén ligeramente dorados.
i) Deje que las galletas se enfríen antes de servir.
j) Nota: Puedes divertirte decorando estas galletas con glaseado adicional o chispas para darle un toque festivo.

24. Zaccarini (galletas de azúcar italianas)

INGREDIENTES:
- ½ taza de mantequilla
- ¼ de taza) de azúcar
- 3 huevos
- 3 tazas de harina para pastel tamizada
- ½ cucharadita de sal
- 2 cucharaditas de polvo de hornear
- ½ cucharadita de extracto de almendras
- ½ cucharadita de extracto de anís
- 1½ tazas de azúcar
- ½ taza de agua
- 1 cucharadita de extracto de anís

Vidriar:
- Combine todos los ingredientes del glaseado, batiendo hasta que quede suave.

INSTRUCCIONES:
a) Crema de mantequilla; agregue gradualmente el azúcar.
b) Batir los huevos, uno a la vez.
c) Tamice los ingredientes secos (harina para pastel, sal, polvo para hornear) y mezcle con la mezcla húmeda.
d) Agrega extracto de almendras y extracto de anís. Enfríe la masa durante la noche.
e) Enrolle cucharaditas redondeadas de masa sobre una tabla ligeramente enharinada con la palma de su mano, dándoles forma del tamaño de un lápiz de 4½ pulgadas. Átelos sin apretar haciendo nudos.
f) Coloque las galletas con forma en bandejas para hornear engrasadas.
g) Hornee en un horno precalentado a 400 °F durante 10 a 12 minutos, o hasta que estén ligeramente dorados.
h) Deja que las galletas se enfríen.
i) Sumerge las galletas enfriadas en el glaseado.
j) ¡Disfruta de estas deliciosas galletas de azúcar italianas!
k) Nota: El glaseado agrega un acabado dulce a las galletas, haciéndolas muy especiales.

GALLETAS DE AZÚCAR CON NUECES

25. Galletas de azúcar de almendras

INGREDIENTES:
- 5 cucharadas de margarina (75 g)
- 1½ cucharada de Fructosa
- 1 cucharada de clara de huevo (15 ml)
- ¼ de cucharadita de extracto de almendra, vainilla o limón (1,25 ml)
- 1 taza de harina sin blanquear (125 g)
- ⅛ cucharadita de bicarbonato de sodio (0,6 ml)
- 1 pizca de crémor tártaro
- 32 rodajas de almendra

INSTRUCCIONES:

a) Precaliente el horno a 350F (180C). En un tazón mediano, combine la margarina y la fructosa, batiendo hasta que esté suave y esponjosa.

b) Incorpora la clara de huevo y el extracto de almendras. Agregue gradualmente la harina, el bicarbonato de sodio y el crémor tártaro; mezclar bien. Forme bolitas de ½ pulgada (1½ cm). Colóquelo en una bandeja para hornear antiadherente.

c) Cubra cada galleta con una rodaja de almendra. Hornee de 8 a 10 minutos, hasta que esté ligeramente dorado. Transfiera a pergamino o papel encerado para que se enfríe.

26. Galletas de azúcar y pistacho

INGREDIENTES:
- ½ taza de mantequilla
- 1 taza de azúcar
- 1 huevo grande
- 1 cucharadita de vainilla
- 1¼ taza de harina tamizada
- 1 cucharadita de polvo para hornear
- ¼ cucharadita de sal
- ⅓ taza de pistachos finamente picados

INSTRUCCIONES

a) En un tazón grande, bata la mantequilla y el azúcar hasta que estén suaves y esponjosos; bata el huevo y la vainilla. Combine la harina, el polvo para hornear y la sal; agregue a la mezcla de crema y mezcle bien. Enfríe bien la masa.

b) Precalienta el horno a 375ø. Extienda la masa hasta que tenga ¼ de pulgada de espesor sobre una tabla ligeramente enharinada. Cortar con cortadores de galletas y colocar en bandejas para hornear sin engrasar. Espolvoree pistachos picados encima; presione ligeramente hacia abajo.

c) Hornee a 375° durante unos 5 minutos o hasta que los bordes comiencen a dorarse.

d) Retirar a rejillas para que se enfríe.

27. Galletas de nueces y azúcar moreno

INGREDIENTES:
- ½ taza de mantequilla
- 1 taza de azúcar moreno
- 2 huevos
- 1 cucharadita de vainilla
- ¼ taza de leche
- ¾ cucharadita de bicarbonato de sodio
- 2 tazas de harina
- ¾ taza de nueces negras picadas
- Una pizca de sal
- Azúcar granulada (para espolvorear)
- Mitades de nueces (para cubrir)

INSTRUCCIONES:
a) Precalienta el horno a 375°F (190°C).
b) Batir la mantequilla y el azúcar moreno. Agrega la vainilla y los huevos bien batidos.
c) Disuelva el bicarbonato de sodio en la leche.
d) Agrega harina, sal y nueces negras picadas a la mezcla.
e) La masa debe quedar lo suficientemente rígida como para poder sacarla del extremo de una cuchara.
f) Justo antes de colocar las galletas en el horno, tamizamos azúcar granulada sobre algunas de las galletas y colocamos media nuez encima de cada una.
g) Hornea en el horno precalentado hasta que las galletas estén doradas. El tiempo y la temperatura no están especificados, por lo que se recomienda comprobarlo después de 10-12 minutos y ajustar en consecuencia.
h) ¡Disfruta de estas deliciosas galletas de nueces y azúcar moreno con un delicioso crujido de nueces negras!

28. galletas de azúcar de nuez

INGREDIENTES:
- 1¼ taza de azúcar, morena clara, agua
- 3 cucharadas de miel
- 1 huevo
- 2⅓ taza de harina
- 1 taza de nueces pecanas, molidas gruesamente
- 2½ cucharada de canela
- 1 cucharada de bicarbonato de sodio
- 1 cucharada de pimienta de Jamaica

INSTRUCCIONES:
a) En un tazón combine el azúcar moreno, el agua, la miel y el huevo. Batir unos 10 segundos con batidora.
b) En un recipiente aparte combine la harina, las nueces, la canela, la pimienta de Jamaica, el bicarbonato de sodio y el polvo para hornear, mezclando bien.
c) Agregue a los ingredientes húmedos y revuelva. Deje caer la masa por cucharaditas en una bandeja para hornear engrasada. Hornee a 375 grados durante 12 minutos.
d) Dejar enfriar bien antes de guardar.

29. Ghouribi (galletas de azúcar marroquíes)

INGREDIENTES:
- 1 taza de aceite vegetal o mantequilla
- 1 taza de azúcar
- 3 tazas de harina para todo uso sin blanquear
- ⅓ taza de nueces o almendras finamente molidas
- Canela

INSTRUCCIONES:

a) Precaliente el horno a 350 grados F. Enharine ligeramente una bandeja para hornear sin engrasar.

b) Coloque el aceite y el azúcar en un tazón grande y mezcle bien. Agrega poco a poco la harina, taza a taza, y amasa bien. Incorpora las nueces.

c) Cuando la masa se sienta suave, use la palma de su mano para formar bolas del tamaño de un huevo. Dale palmaditas en una galleta redonda de aproximadamente 2 pulgadas de diámetro. Las galletas no deben quedar planas.

d) Colóquelas en la bandeja para hornear galletas y espolvoree el centro de cada galleta con canela.

e) Hornee durante 25 a 30 minutos. No dejes que las galletas se doren ni siquiera ligeramente; deben permanecer blanquecinos.

f) *Nota: una variación turca utiliza cacao en lugar de canela y se espolvorea con azúcar en polvo. A estas galletas también se les puede dar forma de media luna.

g) En la mañana de Purim, los judíos marroquíes decoran sus mesas con flores y delicias dulces como el ghouribi . A los niños les gusta especialmente hacer estas delicias, ya que pueden enrollar la masa con las manos.

30.Galletas De Azúcar Con Pasta De Almendras

INGREDIENTES:
- ½ taza de pasta de almendras ligeramente compactada (4 onzas)
- 1 taza de mantequilla
- ½ taza de azúcar
- 1 clara de huevo
- 2 tazas de harina
- ½ cucharadita de canela
- 3 tazas de azúcar en polvo, tamizada
- 5 a 6 cucharadas de leche
- 1 cucharadita de extracto de almendras
- Colorante alimenticio

INSTRUCCIONES:
a) Coloque la pasta de almendras en un procesador de alimentos con la cuchilla de metal en su lugar y procese hasta que esté finamente picada.
b) Agrega la mantequilla y el azúcar al procesador; procese hasta que esté completamente mezclado.
c) Agrega la clara de huevo; procese hasta que quede suave.
d) Agrega la harina y la canela; procesa hasta que la masa forme una bola.
e) Retire la masa del procesador; envuélvelo en plástico y déjalo enfriar durante ½ hora o hasta que esté firme.
f) Enrolle la masa fría sobre una superficie de trabajo ligeramente enharinada hasta obtener aproximadamente ¼ de pulgada de espesor. Cortar en las formas deseadas y transferir a una bandeja para hornear ligeramente engrasada.
g) Hornee a 325 grados durante 10 a 12 minutos o hasta que esté ligeramente dorado.
h) Transfiera las galletas a una rejilla para que se enfríen.
i) En un recipiente aparte, mezcle el azúcar en polvo, la leche y el extracto de almendras.
j) Divida el glaseado en tazones separados y tiñe cada tazón como desee con colorante para alimentos.
k) Extienda el glaseado sobre las galletas enfriadas y déjalas secar y endurecer antes de servir.

31. Galletas de azúcar brickle de almendras

INGREDIENTES:
- 2¼ taza de harina para todo uso
- 1 taza de azúcar
- 1 taza de mantequilla
- 1 huevo
- 1 cucharadita de bicarbonato de sodio
- 1 cucharadita de vainilla
- 6 onzas de trozos de almendras

INSTRUCCIONES:

a) Precalienta el horno a 350F. Engrase las bandejas para hornear galletas. En un tazón grande para batidora, combine la harina, el azúcar, la mantequilla, el huevo, el bicarbonato de sodio y la vainilla. Batir a velocidad media, raspando el tazón con frecuencia, hasta que esté bien mezclado, de 2 a 3 minutos. Agregue los trozos de ladrillos de almendras
.

b) Forme bolas de 1 pulgada con cucharadas redondeadas de masa. Coloque a 2 pulgadas de distancia en bandejas para hornear preparadas. Aplana las galletas hasta que tengan un grosor de ¼ de pulgada con el fondo de un vaso untado con mantequilla bañado en azúcar.

c) Hornee de 8 a 11 minutos o hasta que los bordes estén ligeramente dorados.

d) Retirar inmediatamente.

32.Galletas De Azúcar Crujientes De Almendras

INGREDIENTES:
- 1 taza de mantequilla sin sal, ablandada
- 1 taza de azúcar granulada
- 1 huevo grande
- 1 cucharadita de extracto de almendras
- 2 tazas de harina para todo uso
- 1/2 cucharadita de polvo para hornear
- 1/2 taza de almendras rebanadas, tostadas

INSTRUCCIONES:
a) Precalienta el horno a 350 °F (180 °C) y cubre las bandejas para hornear con papel pergamino.
b) En un tazón grande, mezcle la mantequilla y el azúcar hasta que esté suave y esponjoso. Incorpora el huevo y el extracto de almendras.
c) En un recipiente aparte, mezcle la harina y el polvo para hornear. Agregue gradualmente esta mezcla seca a los ingredientes húmedos, mezclando hasta que estén bien combinados.
d) Incorpora las almendras tostadas en rodajas.
e) Deje caer cucharadas redondeadas de masa sobre las bandejas para hornear preparadas.
f) Hornee durante 10-12 minutos o hasta que los bordes estén ligeramente dorados.
g) Deje que las galletas se enfríen en las bandejas para hornear durante unos minutos antes de transferirlas a una rejilla.

33. Galletas de azúcar y nueces y arce

INGREDIENTES:
- 1 taza de mantequilla sin sal, ablandada
- 1 taza de azúcar granulada
- 1 huevo grande
- 1/4 taza de jarabe de arce puro
- 2 tazas de harina para todo uso
- 1/2 cucharadita de polvo para hornear
- 1 taza de nueces picadas

INSTRUCCIONES:
a) Precalienta el horno a 350 °F (180 °C) y cubre las bandejas para hornear con papel pergamino.
b) En un tazón grande, mezcle la mantequilla y el azúcar hasta que esté suave y esponjoso. Incorpora el huevo y el jarabe de arce.
c) En un recipiente aparte, mezcle la harina y el polvo para hornear. Agregue gradualmente esta mezcla seca a los ingredientes húmedos, mezclando hasta que estén bien combinados.
d) Incorpora las nueces picadas.
e) Deje caer cucharadas redondeadas de masa sobre las bandejas para hornear preparadas.
f) Hornee durante 10-12 minutos o hasta que los bordes estén ligeramente dorados.
g) Deje que las galletas se enfríen en las bandejas para hornear durante unos minutos antes de transferirlas a una rejilla.

34. Galletas de azúcar espresso con avellanas

INGREDIENTES:
- 1 taza de mantequilla sin sal, ablandada
- 1 taza de azúcar granulada
- 1 huevo grande
- 1 cucharadita de extracto de vainilla
- 2 tazas de harina para todo uso
- 1/2 cucharadita de polvo para hornear
- 2 cucharadas de granos de espresso finamente molidos
- 1/2 taza de avellanas finamente picadas

INSTRUCCIONES:
a) Precalienta el horno a 350 °F (180 °C) y cubre las bandejas para hornear con papel pergamino.
b) En un tazón grande, mezcle la mantequilla y el azúcar hasta que esté suave y esponjoso. Batir el huevo y la vainilla.
c) En un recipiente aparte, mezcle la harina, el polvo para hornear y los granos de café molidos. Agregue gradualmente esta mezcla seca a los ingredientes húmedos, mezclando hasta que estén bien combinados.
d) Incorpora las avellanas finamente picadas.
e) Deje caer cucharadas redondeadas de masa sobre las bandejas para hornear preparadas.
f) Hornee durante 10-12 minutos o hasta que los bordes estén ligeramente dorados.
g) Deje que las galletas se enfríen en las bandejas para hornear durante unos minutos antes de transferirlas a una rejilla.

35. Galletas de azúcar y chocolate blanco con nueces de macadamia

INGREDIENTES:
- 1 taza de mantequilla sin sal, ablandada
- 1 taza de azúcar granulada
- 1 huevo grande
- 1 cucharadita de extracto de vainilla
- 2 tazas de harina para todo uso
- 1/2 cucharadita de polvo para hornear
- 1 taza de nueces de macadamia, picadas
- 1 taza de chispas de chocolate blanco

INSTRUCCIONES:
a) Precalienta el horno a 350 °F (180 °C) y cubre las bandejas para hornear con papel pergamino.
b) En un tazón grande, mezcle la mantequilla y el azúcar hasta que esté suave y esponjoso. Batir el huevo y la vainilla.
c) En un recipiente aparte, mezcle la harina y el polvo para hornear. Agregue gradualmente esta mezcla seca a los ingredientes húmedos, mezclando hasta que estén bien combinados.
d) Incorpora las nueces de macadamia picadas y las chispas de chocolate blanco.
e) Deje caer cucharadas redondeadas de masa sobre las bandejas para hornear preparadas.
f) Hornee durante 10-12 minutos o hasta que los bordes estén ligeramente dorados.
g) Deje que las galletas se enfríen en las bandejas para hornear durante

36. Galletas de azúcar, pistacho y arándanos

INGREDIENTES:
- 1 taza de mantequilla sin sal, ablandada
- 1 taza de azúcar granulada
- 1 huevo grande
- 1 cucharadita de extracto de vainilla
- 2 tazas de harina para todo uso
- 1/2 cucharadita de polvo para hornear
- 1/2 taza de pistachos picados
- 1/2 taza de arándanos secos, picados

INSTRUCCIONES:
a) Precalienta el horno a 350 °F (180 °C) y cubre las bandejas para hornear con papel pergamino.
b) En un tazón grande, mezcle la mantequilla y el azúcar hasta que esté suave y esponjoso. Batir el huevo y la vainilla.
c) En un recipiente aparte, mezcle la harina y el polvo para hornear. Agregue gradualmente esta mezcla seca a los ingredientes húmedos, mezclando hasta que estén bien combinados.
d) Incorpora los pistachos picados y los arándanos secos.
e) Deje caer cucharadas redondeadas de masa sobre las bandejas para hornear preparadas.
f) Hornee durante 10-12 minutos o hasta que los bordes estén ligeramente dorados.
g) Deje que las galletas se enfríen en las bandejas para hornear durante unos minutos antes de transferirlas a una rejilla.

37. Galletas De Azúcar Y Mantequilla De Anacardos

INGREDIENTES:
- 1 taza de mantequilla sin sal, ablandada
- 1 taza de azúcar granulada
- 1 huevo grande
- 1 cucharadita de extracto de vainilla
- 2 tazas de harina para todo uso
- 1/2 cucharadita de polvo para hornear
- 1 taza de mantequilla de anacardo
- 1/2 taza de anacardos picados

INSTRUCCIONES:
a) Precalienta el horno a 350 °F (180 °C) y cubre las bandejas para hornear con papel pergamino.
b) En un tazón grande, mezcle la mantequilla y el azúcar hasta que esté suave y esponjoso. Batir el huevo y la vainilla.
c) En un recipiente aparte, mezcle la harina y el polvo para hornear. Agregue gradualmente esta mezcla seca a los ingredientes húmedos, mezclando hasta que estén bien combinados.
d) Incorpora la mantequilla de anacardo y los anacardos picados.
e) Deje caer cucharadas redondeadas de masa sobre las bandejas para hornear preparadas.
f) Hornee durante 10-12 minutos o hasta que los bordes estén ligeramente dorados.
g) Deje que las galletas se enfríen en las bandejas para hornear durante unos minutos antes de transferirlas a una rejilla.

38. Galletas de azúcar y macarrones con coco

INGREDIENTES:
- 1 taza de mantequilla sin sal, ablandada
- 1 taza de azúcar granulada
- 1 huevo grande
- 1 cucharadita de extracto de vainilla
- 2 tazas de harina para todo uso
- 1/2 cucharadita de polvo para hornear
- 1 taza de coco rallado endulzado

INSTRUCCIONES:
a) Precalienta el horno a 350 °F (180 °C) y cubre las bandejas para hornear con papel pergamino.
b) En un tazón grande, mezcle la mantequilla y el azúcar hasta que esté suave y esponjoso. Batir el huevo y la vainilla.
c) En un recipiente aparte, mezcle la harina y el polvo para hornear. Agregue gradualmente esta mezcla seca a los ingredientes húmedos, mezclando hasta que estén bien combinados.
d) Incorpora el coco rallado endulzado.
e) Deje caer cucharadas redondeadas de masa sobre las bandejas para hornear preparadas.
f) Hornee durante 10-12 minutos o hasta que los bordes estén ligeramente dorados.
g) Deje que las galletas se enfríen en las bandejas para hornear durante unos minutos antes de transferirlas a una rejilla.

39. Galletas De Azúcar Y Mantequilla Morena Con Nueces

INGREDIENTES:
- 1 taza de mantequilla sin sal
- 1 taza de azúcar granulada
- 1 huevo grande
- 1 cucharadita de extracto de vainilla
- 2 tazas de harina para todo uso
- 1/2 cucharadita de polvo para hornear
- 1 taza de nueces picadas, tostadas

INSTRUCCIONES:
a) Precalienta el horno a 350 °F (180 °C) y cubre las bandejas para hornear con papel pergamino.
b) En una cacerola, derrite la mantequilla a fuego medio hasta que se dore y tenga aroma a nuez. Retirar del fuego y dejar enfriar.
c) En un tazón grande, combine la mantequilla dorada y el azúcar hasta que estén bien mezclados. Batir el huevo y la vainilla.
d) En un recipiente aparte, mezcle la harina y el polvo para hornear. Agregue gradualmente esta mezcla seca a los ingredientes húmedos, mezclando hasta que estén bien combinados.
e) Incorpora las nueces tostadas picadas.
f) Deje caer cucharadas redondeadas de masa sobre las bandejas para hornear preparadas.
g) Hornee durante 10-12 minutos o hasta que los bordes estén ligeramente dorados.
h) Deje que las galletas se enfríen en las bandejas para hornear durante unos minutos antes de transferirlas a una rejilla.

40. Galletas de azúcar con chispas de chocolate y mantequilla de maní

INGREDIENTES:
- 1 taza de mantequilla sin sal, ablandada
- 1 taza de azúcar granulada
- 1 taza de mantequilla de maní cremosa
- 2 huevos grandes
- 1 cucharadita de extracto de vainilla
- 2 tazas de harina para todo uso
- 1/2 cucharadita de polvo para hornear
- 1 taza de chispas de chocolate

INSTRUCCIONES:
a) Precalienta el horno a 350 °F (180 °C) y cubre las bandejas para hornear con papel pergamino.
b) En un tazón grande, mezcle la mantequilla, el azúcar y la mantequilla de maní hasta que esté suave y esponjosa. Batir los huevos y la vainilla.
c) En un recipiente aparte, mezcle la harina y el polvo para hornear. Agregue gradualmente esta mezcla seca a los ingredientes húmedos, mezclando hasta que estén bien combinados.
d) Incorpora las chispas de chocolate.
e) Deje caer cucharadas redondeadas de masa sobre las bandejas para hornear preparadas.
f) Hornee durante 10-12 minutos o hasta que los bordes estén ligeramente dorados.
g) Deje que las galletas se enfríen en las bandejas para hornear durante unos minutos antes de transferirlas a una rejilla.

GALLETAS DE AZÚCAR PICANTES

41. Galletas De Azúcar Y Jengibre

INGREDIENTES:
- 2 tazas de harina para todo uso tamizada
- 2 cucharaditas de bicarbonato de sodio
- 1 cucharadita de canela
- 1 cucharadita de clavo
- 1 cucharadita de jengibre
- ½ cucharadita de sal
- 1⅓ tazas de azúcar (más extra para enrollar)
- ¾ taza de manteca blanda
- ¼ taza de melaza ligera
- 1 huevo

INSTRUCCIONES:
a) Precalienta el horno a 375°F. Engrasar ligeramente una bandeja de galletas.
b) Tamiza la harina con bicarbonato de sodio, canela, clavo, jengibre y sal; dejar de lado.
c) En un tazón grande de una batidora eléctrica, a velocidad media, agregue gradualmente 1 taza de azúcar a la manteca, batiendo hasta que esté suave y esponjosa (aproximadamente 5 minutos). Incorpora la melaza y el huevo.
d) A baja velocidad, agregue la mezcla de harina hasta que esté bien mezclada, raspando el costado del tazón con un raspador de goma. Refrigera la masa durante 1 hora.
e) Retire los trozos de masa y forme bolas de 1¼ de pulgada. Pasar por el azúcar restante.
f) Coloque a 2½ pulgadas de distancia en las bandejas para hornear preparadas; hornee de 8 a 10 minutos o hasta que esté dorado. Retirar a una rejilla para que se enfríe. Estas galletas tendrán una superficie arrugada.

42. Galletas de azúcar Winkler

INGREDIENTES:
- ¾ libras de mantequilla
- 4½ tazas de azúcar
- 5 huevos
- 5 tazas de harina
- 1 cucharadita de crémor tártaro
- ½ cucharadita de sal
- ½ cucharadita de bicarbonato de sodio
- ½ cucharadita de nuez moscada
- 1 cucharadita de vainilla
- 1 cucharadita de extracto de limón
- ½ cucharadita de extracto de almendras

INSTRUCCIONES:
a) Batir la mantequilla y el azúcar en un tazón grande.
b) Agrega los huevos uno a la vez, batiendo bien después de cada adición.
c) En un recipiente aparte, combine la harina, el crémor tártaro, la sal, el bicarbonato de sodio y la nuez moscada.
d) Incorpora los extractos (vainilla, limón, almendras) a la mezcla de mantequilla.
e) Incorpora poco a poco la mezcla de harina a los ingredientes húmedos, mezclando bien.
f) Coloca la masa en un recipiente engrasado y refrigera durante la noche.
g) Antes de hornear, precaliente el horno a 350°F.
h) Estirar la masa fría sobre una tela de repostería enharinada.
i) Recorta formas con cortadores de galletas y colócalas en bandejas para hornear engrasadas.
j) Hornee durante 10-15 minutos o hasta que los bordes estén dorados.
k) Deje que las galletas se enfríen antes de servir.
l) Nota: Estas galletas se pueden decorar con glaseado o chispas para darle más estilo.

43. Galletas De Azúcar Y Melaza

INGREDIENTES:
- ¾ taza de manteca
- 1 taza de azúcar
- ¼ taza de melaza
- 1 huevo
- 2 cucharaditas de polvo de hornear
- 2 tazas de harina para todo uso tamizada
- ½ cucharadita de clavo
- ½ cucharadita de jengibre
- 1 cucharadita de canela
- ½ cucharadita de sal

INSTRUCCIONES:
a) Derrita la manteca vegetal en una cacerola de 3 o 4 cuartos a fuego lento. Retirar del fuego y dejar enfriar.
b) Agrega el azúcar, la melaza y el huevo; Golpea bien.
c) Tamice la harina, el polvo para hornear, el clavo, el jengibre, la canela y la sal; agregar a la primera mezcla. Mezclar bien y enfriar.
d) Forme bolas de una pulgada, enróllelas en azúcar granulada y colóquelas en bandejas para hornear engrasadas a dos pulgadas de distancia.
e) Hornee a 375 grados durante 8 a 10 minutos.

44. Galletas de azúcar del suroeste

INGREDIENTES:
- ½ taza de mantequilla o margarina, ablandada
- ¾ taza de azúcar
- 1 huevo
- ¾ cucharadita de extracto de vainilla
- ½ cucharadita de extracto de canela
- 2 tazas de harina para todo uso
- ½ cucharadita de bicarbonato de sodio
- ½ cucharadita de sal
- 1½ cucharadas de canela molida (o más)
- 1 cucharadita completa de pimienta Mombassa molida (o más)

INSTRUCCIONES:
a) En un tazón grande, bata la mantequilla. Agrega el azúcar, batiendo hasta que esté suave y esponjoso.
b) Agrega el huevo, el extracto de vainilla y el extracto de canela, mezclando bien.
c) En un recipiente aparte, combine la harina, el bicarbonato de sodio, la sal, la canela molida y la pimienta Mombassa molida . Mezclar bien.
d) Agrega los ingredientes secos a la mezcla de crema, mezclando bien. La masa quedará muy dura.
e) Divide la masa en tercios. Enrolle cada porción hasta que tenga un grosor de ⅛ de pulgada sobre papel encerado ligeramente enharinado.
f) Corte la masa con los cortadores deseados y colóquelos a 2 pulgadas de distancia en bandejas para hornear ligeramente engrasadas.
g) Hornee a 375°F durante 8 a 10 minutos o hasta que esté ligeramente dorado. Ajuste el tiempo de horneado según sea necesario.
h) Retire las galletas a una rejilla para que se enfríen.
i) Nota: Siéntase libre de experimentar con la cantidad de canela molida y pimienta de Mombassa según su preferencia por el picante.

45. Caída de las galletas de azúcar

INGREDIENTES:
- ½ taza de mantequilla o margarina
- 1 taza de azúcar
- 2 huevos
- 1 cucharadita de extracto de vainilla
- 1 cucharadita de extracto de almendras
- ½ cucharadita de canela
- ½ cucharadita de nuez moscada
- 1¾ tazas de harina para todo uso
- 1 cucharadita de polvo para hornear
- ½ cucharadita de bicarbonato de sodio
- ¼ cucharadita de sal

INSTRUCCIONES:
a) Batir la mantequilla, el azúcar y los huevos hasta que estén bien mezclados. Agrega los extractos de almendras y vainilla.
b) En un recipiente aparte, mezcle la harina, el polvo para hornear, el bicarbonato de sodio, la nuez moscada, la canela y la sal. Agrega esta mezcla seca a la primera mezcla.
c) cucharaditas colmadas de masa a una distancia de aproximadamente 2 pulgadas sobre bandejas para hornear ligeramente engrasadas. Tenga en cuenta que las cookies se propagarán un poco.
d) Hornee a 375°F durante 10 a 12 minutos o hasta que estén dorados.
e) Retire las galletas de una vez y colóquelas en rejillas para que se enfríen. Almacenar en un recipiente hermético.
f) Una vez enfriado, decora con tu glaseado favorito, chispas o cualquier aderezo que desees.
g) ¡Disfruta de estas deliciosas y fáciles de hacer galletas con gotas de azúcar!

46. Galletas de especias de azúcar moreno

INGREDIENTES:
- 1½ tazas de mantequilla o margarina, ablandada
- 1 taza de azúcar moreno bien compactado
- 1 huevo grande
- 1½ cucharaditas de extracto de vainilla
- 3½ tazas de harina para todo uso
- 1 cucharadita de polvo para hornear
- 1 cucharadita de canela molida
- 1 cucharadita de clavo molido
- 1 cucharadita de jengibre molido
- Mitades de cerezas confitadas

INSTRUCCIONES:
a) Precalienta el horno a 375°F (190°C).
b) Batir la mantequilla ablandada; Incorpora el azúcar moreno. Agrega el huevo y la vainilla; Golpea bien.
c) En un recipiente aparte, combine la harina para todo uso, el polvo para hornear, la canela molida, el clavo molido y el jengibre molido.
d) Agrega los ingredientes secos a la mezcla de mantequilla, mezclando bien.
e) Usando una manga pastelera equipada con una punta de estrella grande, coloque estrellas en bandejas para hornear sin engrasar. Cubra cada estrella con una mitad de cereza confitada.
f) Hornee durante 8-10 minutos hasta que las galletas estén cuajadas. La masa también se puede formar bolas de 1 pulgada. Cubra cada bola con una cereza y hornee como se indica.
g) ¡Disfruta de estas deliciosas galletas de azúcar moreno y especias con un toque festivo de cerezas confitadas!

47. Galletas de azúcar y canela

INGREDIENTES:
- 2½ taza de harina
- ½ taza de mantequilla
- 2½ cucharadita de polvo para hornear
- ¾ taza de azúcar
- ¼ cucharadita de sal
- 1 huevo; vencido
- ⅛ cucharadita de canela
- ½ taza de suero de leche
- Mezcla de Azúcar
- ½ taza de azúcar
- 1 cucharadita de canela

INSTRUCCIONES:
a) Mezclar la harina con el polvo para hornear, la sal y ⅛ de cucharadita de canela. En otro tazón, bata la manteca vegetal y el azúcar hasta que esté suave y esponjoso.
b) Agrega el huevo y bate bien. Agregue ⅓ de la harina, luego agregue la leche y la harina restante, mezclando entre cada adición.
c) No agregue más harina, hará una masa suave que no quedará pegajosa después de enfriarse. Enfriar la masa en el frigorífico durante un par de horas hasta que esté bien fría.
d) Tome cucharadas de masa y forme bolitas con cuidado. Enrolle las bolas de masa en la mezcla de canela y azúcar y luego aplánelas y colóquelas en una bandeja para hornear engrasada y hornee a 375 grados durante aproximadamente 12 minutos.
e) Las galletas deben quedar doradas delicadamente.

48. Galletas De Azúcar Y Nuez Moscada

INGREDIENTES:
- 2 huevos
- 2 tazas de azúcar
- ½ taza de mantequilla
- ½ taza de crema agria
- 1 cucharadita de bicarbonato de sodio
- ½ cucharadita de nuez moscada
- ¼ cucharadita de sal
- 1½ cucharadita de polvo para hornear
- 3½ tazas de harina

PARA GALLETAS SUAVES Y JAULAS:
- 1½ tazas de azúcar
- 4 tazas de harina
- 1 taza de crema agria
- 1 cucharadita de vainilla

INSTRUCCIONES:
a) Batir 2 huevos y 2 tazas de azúcar.
b) Agrega ½ taza de mantequilla.
c) Agregue ½ taza de crema agria a la que se le agrega 1 cucharadita de bicarbonato de sodio.
d) Luego mezcle la nuez moscada, la sal, el polvo para hornear y la harina para hacer una masa firme.
e) Estire la masa muy fina, de aproximadamente ⅛ de pulgada de grosor.
f) Combine y deje caer a cucharadas y presione con un vaso cubierto con un paño húmedo.
g) Hornee a 375 grados durante 10 a 12 minutos.

49. Galletas De Azúcar, Canela Y Cayena

INGREDIENTES:
- 1 taza de mantequilla sin sal, ablandada
- 1 taza de azúcar granulada
- 1 huevo grande
- 1 cucharadita de extracto de vainilla
- 2 tazas de harina para todo uso
- 1/2 cucharadita de polvo para hornear
- 1 cucharadita de canela molida
- 1/4 cucharadita de pimienta de cayena

INSTRUCCIONES:
a) Precalienta el horno a 350 °F (180 °C) y cubre las bandejas para hornear con papel pergamino.
b) En un tazón grande, mezcle la mantequilla y el azúcar hasta que esté suave y esponjoso. Batir el huevo y la vainilla.
c) En un recipiente aparte, mezcle la harina, el polvo para hornear, la canela molida y la pimienta de cayena. Agregue gradualmente esta mezcla seca a los ingredientes húmedos, mezclando hasta que estén bien combinados.
d) Deje caer cucharadas redondeadas de masa sobre las bandejas para hornear preparadas.
e) Hornee durante 10-12 minutos o hasta que los bordes estén ligeramente dorados.
f) Deje que las galletas se enfríen en las bandejas para hornear durante unos minutos antes de transferirlas a una rejilla.

50. Galletas de azúcar y jengibre especiadas

INGREDIENTES:
- 1 taza de mantequilla sin sal, ablandada
- 1 taza de azúcar granulada
- 1 huevo grande
- 1 cucharadita de extracto de vainilla
- 2 tazas de harina para todo uso
- 1/2 cucharadita de polvo para hornear
- 1 cucharadita de jengibre molido
- 1/2 cucharadita de canela molida
- 1/4 cucharadita de pimienta de cayena

INSTRUCCIONES:
a) Precalienta el horno a 350 °F (180 °C) y cubre las bandejas para hornear con papel pergamino.
b) En un tazón grande, mezcle la mantequilla y el azúcar hasta que esté suave y esponjoso. Batir el huevo y la vainilla.
c) En un recipiente aparte, mezcle la harina, el polvo para hornear, el jengibre molido, la canela molida y la pimienta de cayena. Agregue gradualmente esta mezcla seca a los ingredientes húmedos, mezclando hasta que estén bien combinados.
d) Deje caer cucharadas redondeadas de masa sobre las bandejas para hornear preparadas.
e) Hornee durante 10-12 minutos o hasta que los bordes estén ligeramente dorados.
f) Deje que las galletas se enfríen en las bandejas para hornear durante unos minutos antes de transferirlas a una rejilla.

51. Galletas De Azúcar Con Chile Cardamomo

INGREDIENTES:
- 1 taza de mantequilla sin sal, ablandada
- 1 taza de azúcar granulada
- 1 huevo grande
- 1 cucharadita de extracto de vainilla
- 2 tazas de harina para todo uso
- 1/2 cucharadita de polvo para hornear
- 1 cucharadita de cardamomo molido
- 1/4 cucharadita de chile en polvo

INSTRUCCIONES:
a) Precalienta el horno a 350 °F (180 °C) y cubre las bandejas para hornear con papel pergamino.
b) En un tazón grande, mezcle la mantequilla y el azúcar hasta que esté suave y esponjoso. Batir el huevo y la vainilla.
c) En un recipiente aparte, mezcle la harina, el polvo para hornear, el cardamomo molido y el chile en polvo. Agregue gradualmente esta mezcla seca a los ingredientes húmedos, mezclando hasta que estén bien combinados.
d) Deje caer cucharadas redondeadas de masa sobre las bandejas para hornear preparadas.
e) Hornee durante 10-12 minutos o hasta que los bordes estén ligeramente dorados.
f) Deje que las galletas se enfríen en las bandejas para hornear durante unos minutos antes de transferirlas a una rejilla.

52. Galletas De Azúcar, Clavo Y Pimienta Negra

INGREDIENTES:
- 1 taza de mantequilla sin sal, ablandada
- 1 taza de azúcar granulada
- 1 huevo grande
- 1 cucharadita de extracto de vainilla
- 2 tazas de harina para todo uso
- 1/2 cucharadita de polvo para hornear
- 1 cucharadita de pimienta negra molida
- 1/2 cucharadita de clavo molido

INSTRUCCIONES:
a) Precalienta el horno a 350 °F (180 °C) y cubre las bandejas para hornear con papel pergamino.
b) En un tazón grande, mezcle la mantequilla y el azúcar hasta que esté suave y esponjoso. Batir el huevo y la vainilla.
c) En un recipiente aparte, mezcle la harina, el polvo para hornear, la pimienta negra molida y el clavo molido. Agregue gradualmente esta mezcla seca a los ingredientes húmedos, mezclando hasta que estén bien combinados.
d) Deje caer cucharadas redondeadas de masa sobre las bandejas para hornear preparadas.
e) Hornee durante 10-12 minutos o hasta que los bordes estén ligeramente dorados.
f) Deje que las galletas se enfríen en las bandejas para hornear durante unos minutos antes de transferirlas a una rejilla.

53. Galletas de azúcar, lima y chile

INGREDIENTES:
- 1 taza de mantequilla sin sal, ablandada
- 1 taza de azúcar granulada
- 1 huevo grande
- 1 cucharadita de extracto de vainilla
- 2 tazas de harina para todo uso
- 1/2 cucharadita de polvo para hornear
- Ralladura de 2 limas
- 1/4 cucharadita de chile en polvo

INSTRUCCIONES:
a) Precalienta el horno a 350 °F (180 °C) y cubre las bandejas para hornear con papel pergamino.
b) En un tazón grande, mezcle la mantequilla y el azúcar hasta que esté suave y esponjoso. Batir el huevo y la vainilla.
c) En un recipiente aparte, mezcle la harina, el polvo para hornear, la ralladura de lima y el chile en polvo. Agregue gradualmente esta mezcla seca a los ingredientes húmedos, mezclando hasta que estén bien combinados.
d) Deje caer cucharadas redondeadas de masa sobre las bandejas para hornear preparadas.
e) Hornee durante 10-12 minutos o hasta que los bordes estén ligeramente dorados.
f) Deje que las galletas se enfríen en las bandejas para hornear durante unos minutos antes de transferirlas a una rejilla.

54. Galletas De Azúcar, Pistacho Y Azafrán

INGREDIENTES:
- 1 taza de mantequilla sin sal, ablandada
- 1 taza de azúcar granulada
- 1 huevo grande
- 1 cucharadita de extracto de vainilla
- 2 tazas de harina para todo uso
- 1/2 cucharadita de polvo para hornear
- Una pizca de hebras de azafrán (remojadas en 1 cucharada de leche tibia)
- 1/2 taza de pistachos picados

INSTRUCCIONES:
a) Precalienta el horno a 350 °F (180 °C) y cubre las bandejas para hornear con papel pergamino.
b) En un tazón grande, mezcle la mantequilla y el azúcar hasta que esté suave y esponjoso. Batir el huevo y la vainilla.
c) En un recipiente aparte, mezcle la harina, el polvo para hornear, la leche con azafrán y los pistachos picados. Agregue gradualmente esta mezcla seca a los ingredientes húmedos, mezclando hasta que estén bien combinados.
d) Deje caer cucharadas redondeadas de masa sobre las bandejas para hornear preparadas.
e) Hornee durante 10-12 minutos o hasta que los bordes estén ligeramente dorados.
f) Deje que las galletas se enfríen en las bandejas para hornear durante unos minutos antes de transferirlas a una rejilla.

GALLETAS DE AZÚCAR CON CHOCOLATE

55. Galletas Godiva De Chocolate Y Azúcar

INGREDIENTES:
- 1 barra (3,1 onzas) de minibarra exclusiva de chocolate amargo GODIVA
- 1½ tazas de harina para todo uso
- 1½ tazas de cacao caliente con chocolate amargo GODIVA
- ½ cucharadita de bicarbonato de sodio
- 2 barras de mantequilla sin sal, ablandada
- 1½ tazas de azúcar granulada
- 1 huevo, a temperatura ambiente
- 1 cucharadita de extracto de vainilla

INSTRUCCIONES:

a) Coloque las minibarras GODIVA Signature en una taza apta para microondas y cocínelas en el microondas en ráfagas de 30 segundos, revolviendo entre ellas hasta que el chocolate se derrita por completo.

b) En un recipiente aparte, combine la harina, el chocolate caliente con chocolate amargo GODIVA y el bicarbonato de sodio.

c) En un tazón grande, bata la mantequilla ablandada y el azúcar granulada con una batidora eléctrica a velocidad media. Agrega el huevo, el extracto de vainilla y el chocolate derretido, mezclando hasta que la mezcla esté uniforme.

d) Reduzca la velocidad de la batidora a baja y agregue gradualmente la mezcla de harina en dos porciones, asegurándose de que no queden rayas de ingredientes secos. Divida la masa por la mitad, envuelva cada porción en film transparente y refrigere por 30 minutos.

e) Precalienta tu horno a 375°F (190°C). Extienda la masa fría sobre una superficie ligeramente enharinada hasta obtener un espesor de ¼ de pulgada. Utilice cortadores de galletas para cortar las galletas en las formas que desee. Coloque las galletas cortadas en una bandeja para hornear forrada con papel pergamino y colóquelas en el congelador durante 10 minutos para que se endurezcan.

f) Hornea las galletas de 8 a 10 minutos o hasta que estén cuajadas. Déjelos enfriar en la bandeja para hornear hasta que alcancen temperatura ambiente.

g) ¡Disfruta de tus deliciosas Galletas de Azúcar y Chocolate GODIVA!

56. Galletas de azúcar con gotas de chocolate

INGREDIENTES:
- ⅔ taza de mantequilla, ablandada
- 1 taza de azúcar
- 1 huevo
- 1½ cucharaditas de vainilla
- 1½ tazas de harina para todo uso
- ½ taza de cacao Hershey's®
- ½ cucharadita de bicarbonato de sodio
- ¼ cucharadita de sal
- ⅓ taza de suero de leche o leche agria
- Azúcar adicional (para espolvorear)

INSTRUCCIONES:
a) Precalienta el horno a 350 grados Fahrenheit. Engrasar ligeramente una bandeja de galletas.
b) En un tazón grande, bata la mantequilla y el azúcar hasta que estén bien mezclados.
c) Agrega el huevo y la vainilla; batir hasta que esté suave y esponjoso.
d) Tamizar juntos la harina, el cacao, el bicarbonato y la sal. Agregue alternativamente con suero de leche a la mezcla de mantequilla.
e) Usando una bola de helado o una taza medidora de ¼ de taza, deje caer la masa a una distancia de aproximadamente 2 pulgadas sobre la bandeja para hornear preparada.
f) Hornee durante 13 a 15 minutos o hasta que las galletas salten cuando se toquen ligeramente en el centro.
g) Mientras las galletas todavía están en la bandeja para hornear, espolvoréalas ligeramente con azúcar adicional.
h) Deje enfriar un poco, luego retírelo de la bandeja para hornear y transfiéralo a una rejilla para que se enfríe por completo.
i) Para agriar la leche: use una cucharadita de vinagre blanco más leche para igualar ⅓ de taza.

57. Galletas De Azúcar Y Chocolate Blanco

INGREDIENTES:
- mezcla para pastel de chocolate blanco de 18.25 onzas
- ¾ taza de mantequilla
- 2 claras de huevo
- 2 cucharadas de crema ligera

INSTRUCCIONES:
a) Coloque la mezcla para pastel en un tazón grande. Con una batidora de repostería o dos tenedores, corte la mantequilla hasta que las partículas estén finas.
b) Incorpora las claras de huevo y la crema hasta que se mezclen. Forme una bola con la masa y cubra.
c) Enfríe durante al menos dos horas y hasta 8 horas en el refrigerador.
d) Precalienta el horno a 375°F.
e) Enrolle la masa en bolas de 1" y colóquelas en bandejas para hornear sin engrasar. Aplane hasta obtener ¼" de espesor con el fondo de un vaso.
f) Hornee durante 7 a 10 minutos o hasta que los bordes de las galletas estén ligeramente dorados.
g) Deje enfriar en bandejas para hornear galletas durante 2 minutos, luego retírelo a rejillas para que se enfríe por completo.

58. Galletas De Azúcar Con Doble Chocolate

INGREDIENTES:
- 1 taza de mantequilla sin sal, ablandada
- 1 taza de azúcar granulada
- 2 huevos grandes
- 1 cucharadita de extracto de vainilla
- 2 tazas de harina para todo uso
- 1/2 taza de cacao en polvo sin azúcar
- 1 cucharadita de polvo para hornear
- 1/2 cucharadita de sal
- 1 taza de chispas de chocolate semidulce

INSTRUCCIONES:
a) Precalienta el horno a 350 °F (180 °C) y cubre las bandejas para hornear con papel pergamino.
b) En un tazón grande, mezcle la mantequilla y el azúcar hasta que esté suave y esponjoso. Batir los huevos y la vainilla.
c) En un recipiente aparte, mezcle la harina, el cacao en polvo, el polvo para hornear y la sal. Agregue gradualmente esta mezcla seca a los ingredientes húmedos, mezclando hasta que estén bien combinados.
d) Incorpora las chispas de chocolate.
e) Deje caer cucharadas redondeadas de masa sobre las bandejas para hornear preparadas.
f) Hornee durante 10-12 minutos o hasta que los bordes estén firmes. Deje que las galletas se enfríen en las bandejas para hornear durante unos minutos antes de transferirlas a una rejilla.

59. Galletas de azúcar en forma de remolino de Nutella

INGREDIENTES:
- 1 taza de mantequilla sin sal, ablandada
- 1 taza de azúcar granulada
- 2 huevos grandes
- 1 cucharadita de extracto de vainilla
- 2 tazas de harina para todo uso
- 1/2 taza de cacao en polvo sin azúcar
- 1 cucharadita de polvo para hornear
- 1/2 cucharadita de sal
- 1/2 taza de Nutella

INSTRUCCIONES:

a) Precalienta el horno a 350 °F (180 °C) y cubre las bandejas para hornear con papel pergamino.

b) En un tazón grande, mezcle la mantequilla y el azúcar hasta que esté suave y esponjoso. Batir los huevos y la vainilla.

c) En un recipiente aparte, mezcle la harina, el cacao en polvo, el polvo para hornear y la sal. Agregue gradualmente esta mezcla seca a los ingredientes húmedos, mezclando hasta que estén bien combinados.

d) Tome pequeñas porciones de Nutella y agítelas suavemente con la masa para galletas.

e) Deje caer cucharadas redondeadas de masa sobre las bandejas para hornear preparadas.

f) Hornee durante 10-12 minutos o hasta que los bordes estén firmes. Deje que las galletas se enfríen en las bandejas para hornear durante unos minutos antes de transferirlas a una rejilla.

60. Galletas De Azúcar De Naranja Y Chocolate Oscuro

INGREDIENTES:
- 1 taza de mantequilla sin sal, ablandada
- 1 taza de azúcar granulada
- 2 huevos grandes
- 1 cucharadita de extracto de vainilla
- 2 tazas de harina para todo uso
- 1/2 taza de cacao en polvo sin azúcar
- 1 cucharadita de polvo para hornear
- 1/2 cucharadita de sal
- Ralladura de 1 naranja
- 1 taza de trozos de chocolate amargo

INSTRUCCIONES:

a) Precalienta el horno a 350 °F (180 °C) y cubre las bandejas para hornear con papel pergamino.

b) En un tazón grande, mezcle la mantequilla y el azúcar hasta que esté suave y esponjoso. Batir los huevos y la vainilla.

c) En un recipiente aparte, mezcle la harina, el cacao en polvo, el polvo para hornear y la sal. Agregue gradualmente esta mezcla seca a los ingredientes húmedos, mezclando hasta que estén bien combinados.

d) Incorpora la ralladura de naranja y los trozos de chocolate amargo.

e) Deje caer cucharadas redondeadas de masa sobre las bandejas para hornear preparadas.

f) Hornee durante 10-12 minutos o hasta que los bordes estén firmes. Deje que las galletas se enfríen en las bandejas para hornear durante unos minutos antes de transferirlas a una rejilla.

61.hersheys Tazas de galletas de azúcar

INGREDIENTES:
- 17 oz de masa para galletas de azúcar refrigerada
- 1 taza de crema para batir espesa
- 1/2 taza de chispas de chocolate con leche Hershey's
- Fresas, para servir

INSTRUCCIONES:
a) Precalienta el horno a 350ºF.
b) Corta el trozo de masa para galletas en 12 trozos.
c) Usando un molde para muffins engrasado, presione cada pieza en el molde para formar una taza, presionando la masa solo hasta la mitad del molde.
d) Hornee durante 10 a 12 minutos. Retirar del horno y presionar hacia abajo la galleta inflada para mantener la forma de taza. Hornee por otros 3 a 5 minutos, hasta que los bordes estén ligeramente dorados. Retirar del horno y dejar enfriar durante 10 minutos antes de sacar las tazas del molde.
e) Para hacer la mousse, bata la nata para montar a punto de nieve y reserve.
f) Derrita las chispas de chocolate con leche Hershey's en intervalos de 30 segundos hasta que se derrita, revolviendo cada vez.
g) Tome ⅓ de la crema batida y dóblela con chispas de chocolate con leche Hershey derretidas, luego continúe agregando crema batida en tercios hasta que se forme una mousse sedosa.
h) Tome la galleta enfriada y coloque la mousse con una cuchara o una pipa en la taza.
i) Enfriar hasta que esté listo para servir.
j) Servir con fresas.

62. Galletas De Azúcar De Frambuesa Y Chocolate Blanco

INGREDIENTES:
- 1 taza de mantequilla sin sal, ablandada
- 1 taza de azúcar granulada
- 2 huevos grandes
- 1 cucharadita de extracto de vainilla
- 2 tazas de harina para todo uso
- 1/2 taza de cacao en polvo sin azúcar
- 1 cucharadita de polvo para hornear
- 1/2 cucharadita de sal
- 1 taza de chispas de chocolate blanco
- 1/2 taza de frambuesas liofilizadas, trituradas

INSTRUCCIONES:
a) Precalienta el horno a 350 °F (180 °C) y cubre las bandejas para hornear con papel pergamino.
b) En un tazón grande, mezcle la mantequilla y el azúcar hasta que esté suave y esponjoso. Batir los huevos y la vainilla.
c) En un recipiente aparte, mezcle la harina, el cacao en polvo, el polvo para hornear y la sal. Agregue gradualmente esta mezcla seca a los ingredientes húmedos, mezclando hasta que estén bien combinados.
d) Incorpora las chispas de chocolate blanco y las frambuesas liofilizadas trituradas.
e) Deje caer cucharadas redondeadas de masa sobre las bandejas para hornear preparadas.
f) Hornee durante 10-12 minutos o hasta que los bordes estén firmes. Deje que las galletas se enfríen en las bandejas para hornear durante unos minutos antes de transferirlas a una rejilla.

OBLEAS DE GALLETAS DE AZÚCAR

63. Galletas de oblea de azúcar de San Valentín

INGREDIENTES:
GALLETAS DE OBLEA DE AZÚCAR ROSA:
- 1 taza de mantequilla sin sal, ablandada
- 1 taza de azúcar granulada
- 1 huevo grande
- 2 cucharaditas de extracto de vainilla
- Colorante alimentario rosa (gel o líquido)
- 2 ½ tazas de harina para todo uso
- ½ cucharadita de polvo para hornear
- Una pizca de sal
- Granos o azúcar de colores para decoración (opcional)

ADORNOS:
- Candy Melts en los colores que desees (blanco, rosa y rojo)
- Chispitas de tu elección

INSTRUCCIONES:
GALLETAS DE OBLEA DE AZÚCAR ROSA:
a) En un tazón, mezcle la mantequilla sin sal ablandada y el azúcar granulada hasta que esté suave y esponjosa.
b) Agrega el huevo y el extracto de vainilla a la mezcla de mantequilla y azúcar. Mezclar hasta que esté bien combinado.
c) Agregue colorante alimentario rosado para lograr el tono de rosa deseado. Comience con unas gotas y ajuste según sea necesario hasta alcanzar el color que desea. Mezclar bien para distribuir el color uniformemente.
d) En un recipiente aparte, mezcle la harina para todo uso, el polvo para hornear y una pizca de sal.
e) Agregue gradualmente los ingredientes secos a los ingredientes húmedos, mezclando hasta que se forme una masa suave para galletas. Si la masa queda demasiado pegajosa, puedes añadir un poco más de harina.
f) Divide la masa de galleta rosa en dos porciones iguales. Forme un tronco con cada porción, envuélvalas en film transparente y refrigere por al menos 1 hora o hasta que la masa esté firme.
g) Precalienta el horno a 350 °F (175 °C) y cubre una bandeja para hornear con papel pergamino.
h) Retire uno de los trozos de masa del refrigerador y córtelo en rodajas finas, de aproximadamente ¼ de pulgada de grosor. Si lo prefieres, puedes utilizar cortadores de galletas para crear diferentes formas.

i) Coloque las rondas o formas de galletas en la bandeja para hornear preparada, dejando algo de espacio entre cada una.

j) Si lo desea, espolvoree las galletas con azúcar de colores o chispas para darle más decoración.

k) Hornee en el horno precalentado durante 8-10 minutos o hasta que los bordes de las galletas se doren ligeramente. Vigílalos para evitar que se horneen demasiado.

l) Retira las galletas del horno y déjalas enfriar sobre una rejilla. Continuarán endureciéndose a medida que se enfríen.

m) Repita el proceso de cortar y hornear con el resto de la masa.

n) Una vez que las galletas estén completamente frías, ¡podrás disfrutar de tus galletas caseras de oblea de azúcar rosa!

ADORNOS:

o) En un recipiente apto para microondas, derrita los Candy Melts según las instrucciones de la bolsa.

p) Sumerge un extremo de la galleta de oblea de azúcar en el chocolate derretido, asegurándote de cubrirlo generosamente.

q) Espolvorea inmediatamente las chispas elegidas sobre el extremo cubierto de chocolate de la galleta. Puedes espolvorearlos en la parte superior y en ambos lados, pero no en la parte inferior para asegurarte de que queden planos.

r) Coloque las galletas bañadas y espolvoreadas sobre papel pergamino o papel de aluminio para permitir que se enfríen y cuajen.

s) ¡Deje que las galletas se enfríen por completo antes de disfrutar de estas deliciosas galletas de oblea de azúcar de San Valentín!

64. Galletas De Azúcar De Oblea De Vainilla

INGREDIENTES:
- 1 taza de mantequilla sin sal, ablandada
- 1 taza de azúcar granulada
- 2 huevos grandes
- 1 cucharadita de extracto de vainilla
- 2 1/2 tazas de harina para todo uso
- 1/2 cucharadita de polvo para hornear
- 1/2 cucharadita de sal

INSTRUCCIONES:
a) Precalienta el horno a 350 °F (180 °C) y cubre las bandejas para hornear con papel pergamino.
b) En un tazón grande, mezcle la mantequilla y el azúcar hasta que esté suave y esponjoso. Batir los huevos y la vainilla.
c) En un recipiente aparte, mezcle la harina, el polvo para hornear y la sal. Agregue gradualmente esta mezcla seca a los ingredientes húmedos, mezclando hasta que estén bien combinados.
d) Deje caer cucharaditas redondeadas de masa sobre las bandejas para hornear preparadas.
e) Hornee durante 8-10 minutos o hasta que los bordes estén ligeramente dorados. Deje que las galletas se enfríen en las bandejas para hornear durante unos minutos antes de transferirlas a una rejilla.

65. Galletas De Azúcar De Oblea De Limón

INGREDIENTES:
- 1 taza de mantequilla sin sal, ablandada
- 1 taza de azúcar granulada
- 2 huevos grandes
- 1 cucharadita de extracto de vainilla
- 2 1/2 tazas de harina para todo uso
- 1/2 cucharadita de polvo para hornear
- 1/2 cucharadita de sal
- Ralladura de 2 limones
- 2 cucharadas de jugo de limón

INSTRUCCIONES:
a) Precalienta el horno a 350 °F (180 °C) y cubre las bandejas para hornear con papel pergamino.
b) En un tazón grande, mezcle la mantequilla y el azúcar hasta que esté suave y esponjoso. Batir los huevos y la vainilla.
c) En un recipiente aparte, mezcle la harina, el polvo para hornear y la sal. Agregue gradualmente esta mezcla seca a los ingredientes húmedos, mezclando hasta que estén bien combinados.
d) Agregue la ralladura de limón y el jugo de limón.
e) Deje caer cucharaditas redondeadas de masa sobre las bandejas para hornear preparadas.
f) Hornee durante 8-10 minutos o hasta que los bordes estén ligeramente dorados. Deje que las galletas se enfríen en las bandejas para hornear durante unos minutos antes de transferirlas a una rejilla.

66. Galletas De Azúcar De Oblea De Almendras

INGREDIENTES:
- 1 taza de mantequilla sin sal, ablandada
- 1 taza de azúcar granulada
- 2 huevos grandes
- 1 cucharadita de extracto de vainilla
- 1/2 cucharadita de extracto de almendras
- 2 1/2 tazas de harina para todo uso
- 1/2 cucharadita de polvo para hornear
- 1/2 cucharadita de sal

INSTRUCCIONES:
a) Precalienta el horno a 350 °F (180 °C) y cubre las bandejas para hornear con papel pergamino.
b) En un tazón grande, mezcle la mantequilla y el azúcar hasta que esté suave y esponjoso. Batir los huevos, la vainilla y el extracto de almendras.
c) En un recipiente aparte, mezcle la harina, el polvo para hornear y la sal. Agregue gradualmente esta mezcla seca a los ingredientes húmedos, mezclando hasta que estén bien combinados.
d) Deje caer cucharaditas redondeadas de masa sobre las bandejas para hornear preparadas.
e) Hornee durante 8-10 minutos o hasta que los bordes estén ligeramente dorados. Deje que las galletas se enfríen en las bandejas para hornear durante unos minutos antes de transferirlas a una rejilla.

67. Galletas De Azúcar De Oblea De Coco

INGREDIENTES:
- 1 taza de mantequilla sin sal, ablandada
- 1 taza de azúcar granulada
- 2 huevos grandes
- 1 cucharadita de extracto de vainilla
- 2 1/2 tazas de harina para todo uso
- 1/2 cucharadita de polvo para hornear
- 1/2 cucharadita de sal
- 1 taza de coco rallado

INSTRUCCIONES:
a) Precalienta el horno a 350 °F (180 °C) y cubre las bandejas para hornear con papel pergamino.
b) En un tazón grande, mezcle la mantequilla y el azúcar hasta que esté suave y esponjoso. Batir los huevos y la vainilla.
c) En un recipiente aparte, mezcle la harina, el polvo para hornear y la sal. Agregue gradualmente esta mezcla seca a los ingredientes húmedos, mezclando hasta que estén bien combinados.
d) Agregue el coco rallado.
e) Deje caer cucharaditas redondeadas de masa sobre las bandejas para hornear preparadas.
f) Hornee durante 8-10 minutos o hasta que los bordes estén ligeramente dorados. Deje que las galletas se enfríen en las bandejas para hornear durante unos minutos antes de transferirlas a una rejilla.

68. Galletas De Azúcar De Oblea De Chocolate

INGREDIENTES:
- 1 taza de mantequilla sin sal, ablandada
- 1 taza de azúcar granulada
- 2 huevos grandes
- 1 cucharadita de extracto de vainilla
- 2 1/2 tazas de harina para todo uso
- 1/2 taza de cacao en polvo sin azúcar
- 1/2 cucharadita de polvo para hornear
- 1/2 cucharadita de sal

INSTRUCCIONES:
a) Precalienta el horno a 350 °F (180 °C) y cubre las bandejas para hornear con papel pergamino.
b) En un tazón grande, mezcle la mantequilla y el azúcar hasta que esté suave y esponjoso. Batir los huevos y la vainilla.
c) En un recipiente aparte, mezcle la harina, el cacao en polvo, el polvo para hornear y la sal. Agregue gradualmente esta mezcla seca a los ingredientes húmedos, mezclando hasta que estén bien combinados.
d) Deje caer cucharaditas redondeadas de masa sobre las bandejas para hornear preparadas.
e) Hornee durante 8-10 minutos o hasta que los bordes estén ligeramente dorados. Deje que las galletas se enfríen en las bandejas para hornear durante unos minutos antes de transferirlas a una rejilla.

GALLETAS DE AZÚCAR HELADAS

69. Galletas De Azúcar Con Glaseado De Crema De Mantequilla

INGREDIENTES:
GALLETA:
- 1 taza de mantequilla
- 1 taza de azúcar blanca
- 2 huevos
- 1/2 cucharadita de extracto de vainilla
- 3 1/4 tazas de harina para todo uso
- 1/2 cucharadita de polvo para hornear
- 1/2 cucharadita de bicarbonato de sodio
- 1/2 cucharadita de sal

HELADO DE CREMA DE MANTEQUILLA:
- 1 libra de azúcar glas
- 1/2 taza de manteca
- 5 cucharadas de agua
- 1/4 cucharadita de sal
- 1/2 cucharadita de extracto de vainilla
- 1/4 cucharadita de extracto con sabor a mantequilla

INSTRUCCIONES:
a) En un tazón grande, mezcle la mantequilla, el azúcar, los huevos y la vainilla con una batidora eléctrica hasta que esté suave y esponjoso. Combine la harina, el polvo para hornear, el bicarbonato de sodio y la sal; Agregue gradualmente la mezcla de harina a la mezcla de mantequilla hasta que esté bien mezclada con una cuchara resistente. Enfríe la masa durante 2 horas.

b) Precalienta el horno a 400°F (200°C). Sobre una superficie ligeramente enharinada, extienda la masa hasta que tenga un grosor de 1/4 de pulgada. Cortar en las formas deseadas usando cortadores de galletas. Coloque las galletas a 2 pulgadas de distancia sobre bandejas para hornear sin engrasar.

c) Hornee de 4 a 6 minutos en el horno precalentado. Retire las galletas del molde y déjelas enfriar sobre rejillas.

d) Con una batidora eléctrica, bata la manteca vegetal, el azúcar glass, el agua, la sal, el extracto de vainilla y el saborizante de mantequilla hasta que quede esponjoso. Cubre las galletas después de que se hayan enfriado por completo.

70. Galletas de azúcar recortadas glaseadas

INGREDIENTES:
- 3 tazas de harina para todo uso
- 1 taza de azúcar granulada
- 1 cucharadita de bicarbonato de sodio
- 1/4 cucharadita de sal
- 1/2 taza de manteca
- 1/2 taza de mantequilla fría
- 2 huevos grandes
- 1 cucharada de leche entera
- 1 cucharadita de extracto de vainilla

CREMA:
- 1/2 taza de mantequilla, ablandada
- 4 tazas de azúcar glass
- 1 cucharadita de extracto de vainilla
- 2 a 4 cucharadas de crema media y media
- Colorante alimentario, opcional
- Azúcar de colores, opcional
- Dulces para decorar, opcional.

INSTRUCCIONES:
a) Mezcla sal, bicarbonato de sodio, azúcar granulada y harina; corte la mantequilla y la manteca hasta que se desmorone. Batir la vainilla, la leche y los huevos en otro bol; agregue a la mezcla de harina. Revuelva bien y luego divida la masa en 3 bolas. Cubrir; Refrigere durante 2 horas hasta que sea fácil de manipular.

b) Precalienta un horno a 325 °; Saque una porción de masa del refrigerador a la vez. Enrolle la masa hasta que tenga 1/4 de pulgada. de espesor sobre una superficie ligeramente enharinada. Utilice 2 pulgadas enharinadas. cortador de galletas para cortar; ponerse sin engrasar

c) bandejas para hornear, 1 pulg. aparte. Repita con la masa sobrante.

d) Hornee durante 8-10 minutos hasta que los bordes estén ligeramente dorados. Deje enfriar durante 1 minuto; transfiéralo a rejillas de alambre. Completamente genial.

CREMA:
e) Crema de vainilla, azúcar glass , mantequilla y suficiente nata para conseguir una consistencia untable. Tiñe con colorante alimentario si lo deseas; galletas heladas. Si lo deseas, decora con caramelos y azúcar de colores.

71. Galletas De Azúcar De Cosecha

INGREDIENTES:
GALLETAS:
- 1 taza de mantequilla o margarina
- 1 taza de azúcar
- ½ cucharadita de polvo para hornear
- ½ cucharadita de bicarbonato de sodio
- ¼ cucharadita de sal
- 2 huevos
- 1 cucharadita de extracto de limón o vainilla
- 3 tazas de harina para todo uso

ESMALTE DE MERENGUE EN POLVO:
- 2 cucharadas de merengue en polvo
- ¼ de taza de agua tibia
- 2 tazas de azúcar en polvo tamizada
- 1½ tazas de azúcar en polvo adicional

INSTRUCCIONES:

a) Batir la mantequilla o la margarina en un tazón grande con una batidora eléctrica a velocidad media a alta durante 30 segundos.
b) Agrega el azúcar, el polvo para hornear, el bicarbonato de sodio y la sal; batir hasta que se combinen.
c) Incorpora los huevos y el extracto de limón (o vainilla) hasta que se combinen.
d) Incorpora la mayor cantidad de harina que puedas con la batidora y luego agrega la harina restante. Cubra y enfríe durante 1 hora o hasta que sea fácil de manipular.
e) Enrolle la masa, un cuarto a la vez, sobre una superficie ligeramente enharinada hasta obtener ⅛ de pulgada de espesor. Cortar en formas de frutas y verduras.
f) Colóquelo en una bandeja para hornear engrasada. Hornee en un horno a 375°F durante 5-6 minutos o hasta que la base esté ligeramente dorada. Dejar enfriar sobre una rejilla.
g) Mientras tanto, prepara el glaseado de merengue en polvo. Divida en la cantidad de colores deseados y tiñe con colorante alimentario en pasta.
h) Escarcha las galletas para que parezcan verduras y frutas. Diluya el glaseado con unas gotas de agua para mantener la consistencia fluida. Deje que las galletas glaseadas se sequen por completo.
i) Después de que el esmalte se haya secado, use un pincel pequeño y limpio para pintar marcas distintivas con un poco de pasta de color diluida con agua.
j) Glaseado de merengue en polvo:
k) Con un tenedor, bata ligeramente 2 cucharadas de merengue en polvo y ¼ de taza de agua tibia hasta que se combinen.
l) Agregue 2 tazas de azúcar en polvo tamizada hasta que se combinen.
m) Agregue gradualmente aproximadamente 1½ tazas de azúcar en polvo tamizada adicional para hacer un glaseado suave que se pueda untar pero no líquido. Debe tener una consistencia fluida y ser demasiado fino para formar crestas cuando se extiende.

72. Paquete de ayuda Galletas de azúcar y chocolate

INGREDIENTES:
- 2 claras de huevo
- ¼ taza de mantequilla o margarina derretida
- 1 cucharada de agua
- 1 cucharadita de extracto de vainilla
- 1⅓ tazas de harina para todo uso
- ¾ taza de azúcar
- ¼ taza de Azúcar (para hacer bolitas)
- ⅓ taza de cacao en polvo
- 1½ cucharaditas de polvo para hornear
- ½ cucharadita de bicarbonato de sodio
- ½ cucharadita de sal

ESMALTE DE MANTEQUILLA DE MANÍ:
- ½ taza de chispas de mantequilla de maní
- 1 cucharadita de manteca

INSTRUCCIONES:

a) Precalienta el horno a 350 grados Fahrenheit. Cubra ligeramente una bandeja para hornear galletas con aceite vegetal en aerosol.

b) En un tazón mediano, bata ligeramente las claras; agregue la mantequilla derretida, el agua y la vainilla.

c) En otro tazón, mezcle la harina, ¾ de taza de azúcar, el cacao, el polvo para hornear, el bicarbonato de sodio y la sal. Agregue la mezcla de huevo hasta que esté bien mezclado.

d) Forme bolas de 1 pulgada con la masa y enróllelas en el ¼ de taza de azúcar restante. Coloque las bolas a 2 pulgadas de distancia en la bandeja para hornear, luego presiónelas con el fondo plano de un vaso.

e) Hornee durante 6-8 minutos o hasta que cuaje. Deje que las galletas se enfríen durante 5 minutos, luego retírelas de la bandeja para hornear y transfiéralas a una rejilla. Déjalos enfriar por completo.

f) Para hacer el glaseado, coloque ½ taza de chispas de mantequilla de maní y 1 cucharadita de manteca vegetal en un tazón pequeño apto para microondas. Cocine en el microondas a temperatura alta durante 30 a 45 segundos, hasta que las chispas se derritan y la mezcla esté suave al revolverla. Úselo inmediatamente.

g) Rocíe el glaseado de mantequilla de maní sobre las galletas enfriadas.

h) ¡Disfruta de estas deliciosas galletas de chocolate y azúcar con glaseado de mantequilla de maní, perfectas para un paquete de ayuda!

73. Galletas de azúcar moreno y nueces

INGREDIENTES:
MASA PARA GALLETAS:
- 1 taza de mantequilla o margarina, ablandada
- ½ taza de azúcar moreno bien compactado
- ½ taza de azúcar
- 1 huevo
- 1 cucharadita de extracto de vainilla
- 2 tazas de harina para todo uso
- ½ cucharadita de bicarbonato de sodio
- ¼ cucharadita de sal
- ½ taza de nueces pecanas finamente picadas

HELADO DE AZÚCAR MARRÓN:
- 1 taza de azúcar moreno bien compactado
- ½ taza Mitad y mitad
- 1 cucharada de mantequilla o margarina
- 1½ a 1-2/3 tazas de azúcar en polvo tamizada
- Mitades de nueces (para decorar)

INSTRUCCIONES:
a) Precalienta el horno a 350°F (175°C).
b) En un bol grande, bata la mantequilla a velocidad media con una batidora eléctrica. Agregue gradualmente tanto el azúcar moreno como el azúcar, mezclando bien.
c) Agrega el huevo y la vainilla; Golpea bien.
d) En un recipiente aparte, combine la harina, el bicarbonato de sodio y la sal. Agregue gradualmente la mezcla seca a la mezcla cremosa, mezclando después de cada adición.
e) Agrega las nueces finamente picadas. Enfriar la masa durante 30 minutos.
f) Forme bolas de 1 pulgada con la masa fría y colóquelas en bandejas para hornear sin engrasar.
g) Hornee durante 10 a 12 minutos a 350 °F. Enfríe las galletas sobre rejillas.
h) Para el glaseado de azúcar moreno, combine el azúcar moreno y la mitad y mitad en una cacerola. Cocine a fuego medio, revolviendo constantemente hasta que la mezcla hierva; hervir durante 4 minutos.
i) Retire del fuego, agregue la mantequilla y agregue 1-½ tazas de azúcar en polvo. Batir a velocidad media hasta que quede suave. Agrega más azúcar glass hasta lograr la consistencia deseada.
j) Extienda el glaseado de azúcar moreno sobre la parte superior de las galletas enfriadas. Cubra cada galleta con la mitad de una nuez.

GALLETAS DE AZÚCAR CON FRUTAS

74. Galletas de azúcar rellenas de albaricoque

INGREDIENTES:
- 1 taza de azúcar
- ½ taza de margarina
- 2 cucharadas de leche
- 1 huevo
- 2½ tazas de harina
- ½ cucharadita de bicarbonato de sodio
- ¼ cucharadita de nuez moscada
- 12 cucharaditas de relleno de fruta de albaricoque

INSTRUCCIONES:
a) Precalienta el horno a 375°F (190°C).
b) En un tazón, combine el azúcar, la margarina, la leche y el huevo. Mezclar bien.
c) Agrega harina, bicarbonato de sodio y nuez moscada a la mezcla. Mezclar hasta que se forme una masa suave.
d) Extienda la masa hasta que tenga un grosor de 1/8 de pulgada sobre una superficie enharinada.
e) Recorta 48 rondas con un cortador de galletas de 3 pulgadas.
f) Coloque la mitad de las rondas en una bandeja para hornear. Vierta 1/2 cucharadita de relleno de albaricoque en el centro de cada ronda.
g) Cubra cada ronda rellena con otra ronda, juntando los bordes y haciendo una hendidura en la parte superior para permitir que escape el vapor.
h) Hornea en el horno precalentado durante 10-12 minutos o hasta que los bordes estén ligeramente dorados.
i) Deje que las galletas de azúcar rellenas de albaricoque se enfríen sobre una rejilla.
j) ¡Disfruta de estas deliciosas galletas de azúcar rellenas de albaricoque como un dulce capricho!

75. Galletas De Azúcar De Cereza

INGREDIENTES:
MASA PARA GALLETAS:
- 1 taza de azúcar glas
- 1 taza de azúcar granulada
- 1 taza de mantequilla o margarina (2 barras)
- 1 taza de aceite vegetal
- 2 huevos grandes
- 1 cucharada de extracto de vainilla
- 4¼ tazas de harina para todo uso, tamizada
- 1 cucharadita de sal
- 1 cucharadita de bicarbonato de sodio
- 1 cucharadita de crémor tártaro

COBERTURA DE CEREZA:
- 1½ tazas de relleno de pastel de cerezas
- ½ taza de nueces picadas
- ½ taza de hojuelas de coco
- 3 cucharadas de azúcar granulada

INSTRUCCIONES:

Para la masa de galletas:
a) En un tazón, usando una batidora eléctrica, mezcle el azúcar glas, el azúcar granulada, la mantequilla, el aceite, los huevos y la vainilla.
b) Agrega la harina tamizada, la sal, el bicarbonato de sodio y el crémor tártaro; mezclar bien.
c) Divida la masa en 4 formas cilíndricas, cada una de aproximadamente 1¼ pulgadas de diámetro. Envuélvalo en una envoltura de plástico y enfríe hasta que esté firme, aproximadamente 2 horas.

Para hacer las galletas:
d) 4. Precalienta el horno a 350 grados Fahrenheit.
e) Combine todos los ingredientes de la cobertura (relleno de pastel de cerezas, nueces picadas, hojuelas de coco y azúcar granulada) y reserve.
f) Corte la masa fría en rodajas de aproximadamente ¼ de pulgada de grosor y coloque las rebanadas en bandejas para hornear sin engrasar a una distancia de aproximadamente 1½ pulgadas.
g) Usando el dorso de una cucharadita, haga una pequeña depresión en el centro de cada galleta y rellénela con aproximadamente 1 cucharadita de cobertura de cereza.
h) Hornee durante 8-10 minutos o hasta que esté dorado.
i) Deje enfriar en las bandejas para hornear, luego retire las galletas con una espátula.
j) ¡Disfruta de estas deliciosas galletas de azúcar y cereza con una explosión de sabor a cereza!

76. Galletas De Azúcar De Limón

INGREDIENTES:
- 1 libra de margarina sin sal
- ½ taza de azúcar
- 2 huevos
- 1 cucharada de vainilla
- 2 cucharadas de ralladura de limón
- ½ cucharadita de sal
- 5 tazas de harina
- ½ taza de jugo de limón
- 1 clara de huevo, ligeramente batida
- ½ taza de azúcar cristalizada

INSTRUCCIONES:
a) Batir la margarina y el azúcar hasta que quede esponjoso en un tazón grande para batidora.
b) Agrega los huevos y mezcla bien. Incorpora la vainilla y la ralladura de limón.
c) Agrega sal y 4 y ½ tazas de harina, 1 taza a la vez, alternativamente con jugo de limón. (La masa quedará algo pegajosa).
d) Transfiera la masa a una superficie enharinada y amase, agregando hasta ½ taza de harina según sea necesario.
e) Dividir en 4 partes y darles forma de cuerda a cada una. Envuélvalo con film transparente y refrigere o congele hasta que esté lo suficientemente firme como para cortarlo, aproximadamente 30 minutos.
f) Unte las cuerdas con clara de huevo y enróllelas en azúcar cristalizada, luego córtelas en rodajas de ¼ de pulgada de grosor y colóquelas en bandejas para hornear forradas con papel de aluminio.
g) Hornee a 350 grados hasta que las galletas se doren ligeramente en los bordes, aproximadamente de 20 a 25 minutos.
h) Transfiera a rejillas para que se enfríe.

77. Galletas de azúcar recortadas de manzana

INGREDIENTES:
MASA PARA GALLETAS:
- 1½ tazas de azúcar glass
- 1 taza de mantequilla o margarina, ablandada
- 1 huevo
- 2¼ tazas de harina para todo uso
- 1 cucharadita de bicarbonato de sodio
- 1 cucharadita de crémor tártaro
- 2 cucharadas de agua
- Colorante alimentario rojo y verde.

CREMA:
- 2 tazas de azúcar glass
- ¼ taza de jarabe de maíz ligero
- 1½ cucharaditas de extracto de vainilla

INSTRUCCIONES:
a) En un tazón grande, combine los primeros siete ingredientes en el orden indicado y mezcle bien. Enfríe la masa durante 2-3 horas o hasta que sea fácil de manipular.
b) Extienda la masa fría sobre una superficie ligeramente enharinada hasta que tenga un grosor de 1/4 de pulgada. Recorta formas usando un cortador de galletas con forma de manzana bañado en harina. Coloque los recortes en bandejas para hornear engrasadas.
c) Hornee a 375 grados Fahrenheit durante 7-8 minutos o hasta que esté ligeramente dorado. Deje que las galletas se enfríen sobre rejillas.
d) Para el glaseado, combine el azúcar glass, el jarabe de maíz y el agua en un tazón pequeño. Transfiera tres cuartos del glaseado a otro tazón y agregue colorante rojo para las manzanas. Agregue colorante alimentario verde al resto del glaseado para los tallos.
e) Cubre las galletas enfriadas con glaseados de colores, creando diseños de manzanas. Deje reposar las galletas durante la noche para que se endurezca el glaseado.
f) ¡Disfruta de tus deliciosas y festivas galletas de azúcar con recortes de manzana!

78. Galletas de Pascua con azúcar, naranja, jengibre

INGREDIENTES:
- 1⅓ taza de azúcar
- 2 cucharadas de almidón de patata
- 12 cucharadas de margarina de Pascua parve sin sal, temperatura ambiente
- 1 cucharada de jengibre molido
- 1 cucharadita de canela molida
- 2 cucharadas de jugo de naranja fresco
- 2 yemas de huevo grandes, temperatura ambiente
- 2 tazas de harina de pastel de matzá

INSTRUCCIONES:
a) Precalienta el horno a 375 grados.
b) Coloque el azúcar y la fécula de papa en el recipiente de trabajo de un procesador de alimentos y procese hasta que el azúcar esté finamente molido.
c) Agrega la margarina, el jengibre y la canela y procesa hasta que estén bien mezclados.
d) Agrega las yemas de huevo y el jugo de naranja (o jugo de limón como sustituto) y procesa para mezclar.
e) Agrega la harina de matzá y pulsa hasta que desaparezca la harina.
f) Forme bolas con la masa, de 1¼" de diámetro. Enrolle las bolas en azúcar y colóquelas en bandejas para hornear forradas con papel pergamino.
g) Presione las galletas con el fondo de una taza medidora hasta que tengan ⅛" de espesor.
h) Colóquelo en el estante del medio en el horno y hornee por 15 minutos o hasta que esté muy bien dorado.
i) Retire el pergamino a las rejillas y deje que las galletas se enfríen antes de guardarlas.

GALLETAS DE AZÚCAR CON HIERBAS

79. Gotas de galleta de azúcar, chocolate y menta

INGREDIENTES:
- 2½ tazas de harina sin blanquear
- 1½ cucharaditas de polvo para hornear
- ¾ cucharadita de sal
- 1¼ tazas de azúcar (dividida)
- ¾ taza de aceite vegetal
- 2 huevos grandes
- 1 cucharadita de extracto de vainilla
- 1½ tazas de chispas de chocolate y menta (*Use 1 bolsa de 10 oz de chispas de chocolate y menta de Nestlé)

INSTRUCCIONES:

a) En un tazón mediano, combine la harina, el polvo para hornear y la sal; dejar de lado.
b) En un tazón grande, combine 1 taza de azúcar y aceite vegetal; mezclar bien.
c) Incorpora los huevos y el extracto de vainilla.
d) Incorpora poco a poco la mezcla de harina.
e) Agregue las chispas de chocolate y menta.
f) Forme bolas con la masa usando cucharaditas redondeadas; enróllelos en el ¼ de taza de azúcar restante.
g) Coloque las bolas en bandejas para hornear sin engrasar.
h) Hornee a 350 grados F. durante 8 a 10 minutos o hasta que los bordes estén firmes.
i) Deje enfriar completamente sobre rejillas.

80. Galletas De Azúcar, Naranja Y Romero

INGREDIENTES:
- 1 taza de mantequilla sin sal, ablandada
- 1 taza de azúcar granulada
- 1 huevo grande
- 1 cucharadita de extracto de vainilla
- 2 tazas de harina para todo uso
- 1/2 cucharadita de polvo para hornear
- 1 cucharada de romero fresco, finamente picado
- Ralladura de 1 naranja

INSTRUCCIONES:
a) Precalienta el horno a 350 °F (180 °C) y cubre las bandejas para hornear con papel pergamino.
b) En un tazón grande, mezcle la mantequilla y el azúcar hasta que esté suave y esponjoso. Batir el huevo y la vainilla.
c) En un recipiente aparte, mezcle la harina, el polvo para hornear, el romero picado y la ralladura de naranja. Agregue gradualmente esta mezcla seca a los ingredientes húmedos, mezclando hasta que estén bien combinados.
d) Deje caer cucharadas redondeadas de masa sobre las bandejas para hornear preparadas.
e) Hornee durante 10-12 minutos o hasta que los bordes estén ligeramente dorados.
f) Deje que las galletas se enfríen en las bandejas para hornear durante unos minutos antes de transferirlas a una rejilla.

81. Galletas de azúcar de albahaca y naranja

INGREDIENTES:
- 1 taza de mantequilla sin sal, ablandada
- 1 taza de azúcar granulada
- 1 huevo grande
- 1 cucharadita de extracto de vainilla
- 2 cucharadas de albahaca fresca, finamente picada
- Ralladura de 1 naranja
- 2 1/2 tazas de harina para todo uso
- 1/2 cucharadita de polvo para hornear
- 1/2 cucharadita de sal

INSTRUCCIONES:
a) Precalienta el horno a 350 °F (180 °C) y cubre las bandejas para hornear con papel pergamino.
b) En un bol, bata la mantequilla y el azúcar hasta que esté suave y esponjoso. Batir el huevo y la vainilla.
c) Agrega la albahaca fresca finamente picada y la ralladura de naranja. Mezclar bien.
d) En un recipiente aparte, mezcle la harina, el polvo para hornear y la sal. Agregue gradualmente esta mezcla seca a los ingredientes húmedos, mezclando hasta que estén bien combinados.
e) Deje caer cucharaditas redondeadas de masa sobre las bandejas para hornear preparadas.
f) Hornee durante 10-12 minutos o hasta que los bordes estén ligeramente dorados. Deje que las galletas se enfríen en las bandejas para hornear durante unos minutos antes de transferirlas a una rejilla.

82. Galletas De Azúcar De Tomillo Y Miel

INGREDIENTES:
- 1 taza de mantequilla sin sal, ablandada
- 1 taza de azúcar granulada
- 1 huevo grande
- 1 cucharadita de extracto de vainilla
- 2 cucharadas de hojas frescas de tomillo, finamente picadas
- 2 cucharadas de miel
- 2 1/2 tazas de harina para todo uso
- 1/2 cucharadita de polvo para hornear
- 1/2 cucharadita de sal

INSTRUCCIONES:
a) Precalienta el horno a 350 °F (180 °C) y cubre las bandejas para hornear con papel pergamino.
b) En un bol, bata la mantequilla y el azúcar hasta que esté suave y esponjoso. Batir el huevo y la vainilla.
c) Agregue las hojas de tomillo fresco finamente picadas y la miel. Mezclar bien.
d) En un recipiente aparte, mezcle la harina, el polvo para hornear y la sal. Agregue gradualmente esta mezcla seca a los ingredientes húmedos, mezclando hasta que estén bien combinados.
e) Deje caer cucharaditas redondeadas de masa sobre las bandejas para hornear preparadas.
f) Hornee durante 10-12 minutos o hasta que los bordes estén ligeramente dorados. Deje que las galletas se enfríen en las bandejas para hornear durante unos minutos antes de transferirlas a una rejilla.

83. Galletas de azúcar con salvia y mantequilla morena

INGREDIENTES:
- 1 taza de mantequilla sin sal
- 1 taza de azúcar granulada
- 1 huevo grande
- 1 cucharadita de extracto de vainilla
- 2 cucharadas de salvia fresca, finamente picada
- 2 1/2 tazas de harina para todo uso
- 1/2 cucharadita de polvo para hornear
- 1/2 cucharadita de sal

INSTRUCCIONES:
a) Precalienta el horno a 350 °F (180 °C) y cubre las bandejas para hornear con papel pergamino.
b) En una cacerola, derrita la mantequilla a fuego medio hasta que se dore y desarrolle un aroma a nuez. Retirar del fuego y dejar enfriar.
c) En un tazón, combine la mantequilla morena y el azúcar hasta que estén bien mezclados. Batir el huevo y la vainilla.
d) Agregue salvia fresca finamente picada. Mezclar bien.
e) En un recipiente aparte, mezcle la harina, el polvo para hornear y la sal. Agregue gradualmente esta mezcla seca a los ingredientes húmedos, mezclando hasta que estén bien combinados.
f) Deje caer cucharaditas redondeadas de masa sobre las bandejas para hornear preparadas.
g) Hornee durante 10-12 minutos o hasta que los bordes estén ligeramente dorados. Deje que las galletas se enfríen en las bandejas para hornear durante unos minutos antes de transferirlas a una rejilla.

84. Galletas de azúcar con eneldo y ajo

INGREDIENTES:
- 1 taza de mantequilla sin sal, ablandada
- 1 taza de azúcar granulada
- 1 huevo grande
- 1 cucharadita de extracto de vainilla
- 2 cucharadas de eneldo fresco, finamente picado
- 2 dientes de ajo, picados
- 2 1/2 tazas de harina para todo uso
- 1/2 cucharadita de polvo para hornear
- 1/2 cucharadita de sal

INSTRUCCIONES:

a) Precalienta el horno a 350 °F (180 °C) y cubre las bandejas para hornear con papel pergamino.

b) En un bol, bata la mantequilla y el azúcar hasta que esté suave y esponjoso. Batir el huevo y la vainilla.

c) Agregue eneldo fresco finamente picado y ajo picado. Mezclar bien.

d) En un recipiente aparte, mezcle la harina, el polvo para hornear y la sal. Agregue gradualmente esta mezcla seca a los ingredientes húmedos, mezclando hasta que estén bien combinados.

e) Deje caer cucharaditas redondeadas de masa sobre las bandejas para hornear preparadas.

f) Hornee durante 10-12 minutos o hasta que los bordes estén ligeramente dorados. Deje que las galletas se enfríen en las bandejas para hornear durante unos minutos antes de transferirlas a una rejilla.

GALLETAS DE AZÚCAR CARAMELO

85. Recortes coloridos de galletas de azúcar de M&M

INGREDIENTES:
- ½ taza (1 barra) de mantequilla
- ¼ taza de manteca vegetal sólida
- 1 taza de azúcar granulada
- 2 huevos grandes
- ½ cucharadita de extracto de vainilla
- 2¾ tazas de harina para todo uso
- ½ cucharadita de polvo para hornear
- ¼ cucharadita de bicarbonato de sodio
- ¼ cucharadita de sal
- Glaseado de vainilla (la receta sigue)
- Mini Trocitos de Chocolate para Hornear M&M's® para decoración
- Glaseado de vainilla:
- 6 cucharadas de mantequilla
- 4 tazas de azúcar en polvo
- ½ cucharadita de extracto de vainilla
- 3 a 4 cucharadas de leche

INSTRUCCIONES:

a) En un tazón grande, bata la mantequilla, la manteca vegetal y el azúcar hasta que esté suave y esponjosa. Incorpora los huevos y la vainilla.
b) En un tazón mediano, combine la harina, el polvo para hornear, el bicarbonato de sodio y la sal. Incorporar a la mezcla de crema. Envuelve y refrigera la masa durante 2 a 3 horas.
c) Precalienta el horno a 350°F.
d) Trabajando con la mitad de la masa a la vez sobre una superficie ligeramente enharinada, enróllela hasta obtener un grosor de ⅛ de pulgada. Córtelo en las formas deseadas usando cortadores de galletas de 3 pulgadas.
e) Con una espátula rígida, transfiera con cuidado los recortes a bandejas para hornear sin engrasar.
f) Hornee de 8 a 10 minutos. Deje que las galletas se enfríen completamente sobre rejillas.
g) Cubre las galletas enfriadas con glaseado de vainilla y decora con mini trocitos para hornear de chocolate M&M's®.
h) Almacenar en un recipiente hermético. Si apila galletas, coloque pergamino o papel encerado entre las capas.
i) Glaseado de vainilla:
j) Batir 6 cucharadas de mantequilla y 4 tazas de azúcar en polvo hasta que estén bien mezclados.
k) Agrega ½ cucharadita de extracto de vainilla.
l) Incorpora de 3 a 4 cucharadas de leche, una cucharada a la vez, hasta que el glaseado alcance una consistencia untable.
m) Divida el glaseado de manera uniforme en tazones pequeños, uno por color. Agregue colorante alimentario hasta que las mezclas tengan el color deseado.

86. Galletas De Azúcar Con Piruleta

INGREDIENTES:
- ⅔ taza de Crisco sabor mantequilla
- ¾ taza de azúcar
- 1 cucharada de Leche MÁS 1 cucharadita de leche
- 1 cucharadita de vainilla
- 1 huevo
- 2 tazas de harina, para todo uso
- 1½ cucharadita de polvo para hornear
- ¼ cucharadita de sal
- 24 a 30 palitos de helado planos
- Decoraciones variadas (chips para hornear, pasas, candentes, frutos secos cortados, coco, nueces, azúcar de colores, etc...)

INSTRUCCIONES:

a) Batir el Crisco con sabor a mantequilla, el azúcar, la leche y la vainilla en un tazón grande a velocidad media de una batidora eléctrica hasta que estén bien mezclados. Batir el huevo.

b) Combine la harina, el polvo para hornear y la sal. Incorporar a la mezcla de crema. Cubra y refrigere durante varias horas o toda la noche.

c) Caliente el horno a 375 F.

d) Forme bolitas de 1½ pulgada con la masa. Empuja un palito de helado en el centro de la masa. Coloque la masa, con los palitos paralelos, a 3 pulgadas de distancia, en una bandeja para hornear sin engrasar. Aplana hasta ½ pulgada con una espátula grande, suave, engrasada y enharinada. Decora como desees. Presione las decoraciones en la masa. (Sugerencia: las galletas también se pueden pintar. Mezcle 1 yema de huevo y ¼ de cucharadita de agua. Divida en 3 tazas. Agregue de 2 a 3 gotas de colorante alimentario diferente a cada una. Revuelva. Use pinceles de acuarela limpios para pintar las galletas antes de hornearlas).

e) Hornee a 375 durante 8 a 10 minutos. Deje enfriar en la bandeja para hornear durante 2 minutos. Retirar a una rejilla para enfriar.

87. Galletas de azúcar y taza de mantequilla de maní

INGREDIENTES:
- 1 taza de mantequilla sin sal, ablandada
- 1 taza de azúcar granulada
- 1 taza de azúcar morena, envasada
- 2 huevos grandes
- 1 cucharadita de extracto de vainilla
- 1 taza de mantequilla de maní cremosa
- 2 1/2 tazas de harina para todo uso
- 1/2 cucharadita de polvo para hornear
- 1/2 cucharadita de bicarbonato de sodio
- 1/2 cucharadita de sal
- Mini tazas de mantequilla de maní, sin envolver

INSTRUCCIONES:
a) Precalienta el horno a 350 °F (180 °C) y cubre las bandejas para hornear con papel pergamino.
b) En un bol, mezcle la mantequilla, el azúcar granulada y el azúcar moreno hasta que esté suave y esponjoso. Batir los huevos y la vainilla.
c) Agrega la mantequilla de maní y mezcla bien.
d) En un recipiente aparte, mezcle la harina, el polvo para hornear, el bicarbonato de sodio y la sal. Agregue gradualmente esta mezcla seca a los ingredientes húmedos, mezclando hasta que estén bien combinados.
e) Enrolle la masa en bolas y presione una mini taza de mantequilla de maní en cada bola.
f) Colóquelos en las bandejas para hornear preparadas y hornee durante 10 a 12 minutos o hasta que los bordes estén ligeramente dorados. Deje que las galletas se enfríen en las bandejas para hornear durante unos minutos antes de transferirlas a una rejilla.

88. Bolos Galletas De Azúcar

INGREDIENTES:
- 1 taza de mantequilla sin sal, ablandada
- 1 taza de azúcar granulada
- 1 huevo grande
- 1 cucharadita de extracto de vainilla
- 2 1/2 tazas de harina para todo uso
- 1/2 cucharadita de polvo para hornear
- 1/2 cucharadita de bicarbonato de sodio
- 1/2 cucharadita de sal
- caramelos de bolos

INSTRUCCIONES:

a) Precalienta el horno a 350 °F (180 °C) y cubre las bandejas para hornear con papel pergamino.

b) En un bol, bata la mantequilla y el azúcar hasta que esté suave y esponjoso. Batir el huevo y la vainilla.

c) En un recipiente aparte, mezcle la harina, el polvo para hornear, el bicarbonato de sodio y la sal. Agregue gradualmente esta mezcla seca a los ingredientes húmedos, mezclando hasta que estén bien combinados.

d) Incorpora los caramelos Skittles.

e) Deje caer cucharaditas redondeadas de masa sobre las bandejas para hornear preparadas.

f) Hornee durante 10-12 minutos o hasta que los bordes estén ligeramente dorados. Deje que las galletas se enfríen en las bandejas para hornear durante unos minutos antes de transferirlas a una rejilla.

89. Galletas de azúcar Kisses de Hershey

INGREDIENTES:
- 1 taza de mantequilla sin sal, ablandada
- 1 taza de azúcar granulada
- 1 huevo grande
- 1 cucharadita de extracto de vainilla
- 2 1/2 tazas de harina para todo uso
- 1/2 cucharadita de polvo para hornear
- 1/2 cucharadita de bicarbonato de sodio
- 1/2 cucharadita de sal
- Caramelos Kisses de Hershey, sin envolver

INSTRUCCIONES:
a) Precalienta el horno a 350 °F (180 °C) y cubre las bandejas para hornear con papel pergamino.
b) En un bol, bata la mantequilla y el azúcar hasta que esté suave y esponjoso. Batir el huevo y la vainilla.
c) En un recipiente aparte, mezcle la harina, el polvo para hornear, el bicarbonato de sodio y la sal. Agregue gradualmente esta mezcla seca a los ingredientes húmedos, mezclando hasta que estén bien combinados.
d) Enrolle la masa en bolas y presione un Hershey's Kiss en cada bola.
e) Colóquelos en las bandejas para hornear preparadas y hornee durante 10 a 12 minutos o hasta que los bordes estén ligeramente dorados. Deje que las galletas se enfríen en las bandejas para hornear durante unos minutos antes de transferirlas.

90.Galletas de azúcar Snickers

INGREDIENTES:
- 1 taza de mantequilla sin sal, ablandada
- 1 taza de azúcar granulada
- 1 huevo grande
- 1 cucharadita de extracto de vainilla
- 2 1/2 tazas de harina para todo uso
- 1/2 cucharadita de polvo para hornear
- 1/2 cucharadita de bicarbonato de sodio
- 1/2 cucharadita de sal
- Barras de caramelo Snickers, picadas

INSTRUCCIONES:
a) Precalienta el horno a 350 °F (180 °C) y cubre las bandejas para hornear con papel pergamino.
b) En un bol, bata la mantequilla y el azúcar hasta que esté suave y esponjoso. Batir el huevo y la vainilla.
c) En un recipiente aparte, mezcle la harina, el polvo para hornear, el bicarbonato de sodio y la sal. Agregue gradualmente esta mezcla seca a los ingredientes húmedos, mezclando hasta que estén bien combinados.
d) Incorpora las barras de caramelo Snickers picadas.
e) Deje caer cucharaditas redondeadas de masa sobre las bandejas para hornear preparadas.
f) Hornee durante 10-12 minutos o hasta que los bordes estén ligeramente dorados. Deje que las galletas se enfríen en las bandejas para hornear durante unos minutos antes de transferirlas a una rejilla.

91. Galletas de azúcar con corteza de menta

INGREDIENTES:
- 1 taza de mantequilla sin sal, ablandada
- 1 taza de azúcar granulada
- 1 huevo grande
- 1 cucharadita de extracto de vainilla
- 2 1/2 tazas de harina para todo uso
- 1/2 cucharadita de polvo para hornear
- 1/2 cucharadita de bicarbonato de sodio
- 1/2 cucharadita de sal
- Caramelo de menta triturado

INSTRUCCIONES:
a) Precalienta el horno a 350 °F (180 °C) y cubre las bandejas para hornear con papel pergamino.
b) En un bol, bata la mantequilla y el azúcar hasta que esté suave y esponjoso. Batir el huevo y la vainilla.
c) En un recipiente aparte, mezcle la harina, el polvo para hornear, el bicarbonato de sodio y la sal. Agregue gradualmente esta mezcla seca a los ingredientes húmedos, mezclando hasta que estén bien combinados.
d) Incorpora el caramelo de menta triturado.
e) Deje caer cucharaditas redondeadas de masa sobre las bandejas para hornear preparadas.
f) Hornee durante 10-12 minutos o hasta que los bordes estén ligeramente dorados. Deje que las galletas se enfríen en las bandejas para hornear durante unos minutos antes de transferirlas a una rejilla.

92. Galletas de azúcar y almendras

INGREDIENTES:
- 1 taza de mantequilla sin sal, ablandada
- 1 taza de azúcar granulada
- 1 huevo grande
- 1 cucharadita de extracto de vainilla
- 2 1/2 tazas de harina para todo uso
- 1/2 cucharadita de polvo para hornear
- 1/2 cucharadita de bicarbonato de sodio
- 1/2 cucharadita de sal
- Coco rallado endulzado
- Rodajas de almendras
- Chips de chocolate

INSTRUCCIONES:
a) Precalienta el horno a 350 °F (180 °C) y cubre las bandejas para hornear con papel pergamino.
b) En un bol, bata la mantequilla y el azúcar hasta que esté suave y esponjoso. Batir el huevo y la vainilla.
c) En un recipiente aparte, mezcle la harina, el polvo para hornear, el bicarbonato de sodio y la sal. Agregue gradualmente esta mezcla seca a los ingredientes húmedos, mezclando hasta que estén bien combinados.
d) Incorpora el coco rallado endulzado, las rodajas de almendras y las chispas de chocolate.
e) Deje caer cucharaditas redondeadas de masa sobre las bandejas para hornear preparadas.
f) Hornee durante 10-12 minutos o hasta que los bordes estén ligeramente dorados. Deje que las galletas se enfríen en las bandejas para hornear durante unos minutos antes de transferirlas a una rejilla.

93. Galletas De Azúcar De Gominolas

INGREDIENTES:
- 1 taza de mantequilla sin sal, ablandada
- 1 taza de azúcar granulada
- 1 huevo grande
- 1 cucharadita de extracto de vainilla
- 2 1/2 tazas de harina para todo uso
- 1/2 cucharadita de polvo para hornear
- 1/2 cucharadita de bicarbonato de sodio
- 1/2 cucharadita de sal
- Frijolitos confitados

INSTRUCCIONES:
a) Precalienta el horno a 350 °F (180 °C) y cubre las bandejas para hornear con papel pergamino.
b) En un bol, bata la mantequilla y el azúcar hasta que esté suave y esponjoso. Batir el huevo y la vainilla.
c) En un recipiente aparte, mezcle la harina, el polvo para hornear, el bicarbonato de sodio y la sal. Agregue gradualmente esta mezcla seca a los ingredientes húmedos, mezclando hasta que estén bien combinados.
d) Incorpora las gominolas.
e) Deje caer cucharaditas redondeadas de masa sobre las bandejas para hornear preparadas.
f) Hornee durante 10-12 minutos o hasta que los bordes estén ligeramente dorados. Deje que las galletas se enfríen en las bandejas para hornear durante unos minutos antes de transferirlas a una rejilla.

94. Galletas de azúcar de osito de goma

INGREDIENTES:
- 1 taza de mantequilla sin sal, ablandada
- 1 taza de azúcar granulada
- 1 huevo grande
- 1 cucharadita de extracto de vainilla
- 2 1/2 tazas de harina para todo uso
- 1/2 cucharadita de polvo para hornear
- 1/2 cucharadita de bicarbonato de sodio
- 1/2 cucharadita de sal
- Ositos de goma

INSTRUCCIONES:
a) Precalienta el horno a 350 °F (180 °C) y cubre las bandejas para hornear con papel pergamino.
b) En un bol, bata la mantequilla y el azúcar hasta que esté suave y esponjoso. Batir el huevo y la vainilla.
c) En un recipiente aparte, mezcle la harina, el polvo para hornear, el bicarbonato de sodio y la sal. Agregue gradualmente esta mezcla seca a los ingredientes húmedos, mezclando hasta que estén bien combinados.
d) Incorporar los ositos de goma.
e) Deje caer cucharaditas redondeadas de masa sobre las bandejas para hornear preparadas.
f) Hornee durante 10-12 minutos o hasta que los bordes estén ligeramente dorados. Deje que las galletas se enfríen en las bandejas para hornear durante unos minutos antes de transferirlas a una rejilla.

GALLETAS DE AZÚCAR CON QUESO

95. Galletas azucaradas de queso crema

INGREDIENTES:
- 1 taza de azúcar
- 1 taza de mantequilla o margarina, ablandada
- 1 paquete (3 onzas) de queso crema, ablandado
- ½ cucharadita de sal
- ½ cucharadita de extracto de almendras
- ½ cucharadita de vainilla
- 1 yema de huevo
- 2 tazas de harina
- 3 cucharadas de azúcar coloreada (si se desea)

INSTRUCCIONES:
a) En un tazón grande, combine el azúcar, la mantequilla blanda, el queso crema, la sal, el extracto de almendras, la vainilla y la yema de huevo; mezclar bien.
b) Agregue la harina hasta que esté bien mezclada. Cubre la masa con film transparente y refrigera por 2 horas para facilitar su manipulación.
c) Precalienta el horno a 375°F (190°C).
d) Sobre una superficie ligeramente enharinada, extienda la masa en tercios hasta ⅛" de espesor. Mantenga la masa restante refrigerada.
e) Corte la masa en las formas deseadas usando cortadores de galletas de 2½" ligeramente enharinados.
f) Coloque los recortes a una distancia de 1 "en bandejas para hornear sin engrasar. Deje las galletas simples o, si lo desea, espolvoree con azúcar de color.
g) Hornee a 375°F durante 7 a 10 minutos o hasta que estén ligeramente dorados.
h) Retire inmediatamente las bandejas para galletas del horno y enfríe las galletas por completo.
i) Si lo deseas, glasea y decora las galletas simples.
j) ¡Disfruta de estas deliciosas galletas de azúcar con queso crema, perfectas para cualquier ocasión!

96. Galletas de azúcar con queso cheddar y hierbas

INGREDIENTES:
- 1 taza de queso cheddar rallado
- 1 taza de mantequilla sin sal, ablandada
- 1 taza de azúcar granulada
- 1 huevo grande
- 1 cucharadita de orégano seco
- 1 cucharadita de tomillo seco
- 2 1/2 tazas de harina para todo uso
- 1/2 cucharadita de polvo para hornear
- 1/2 cucharadita de sal

INSTRUCCIONES:
a) Precalienta el horno a 350 °F (180 °C) y cubre las bandejas para hornear con papel pergamino.
b) En un bol, bata la mantequilla y el azúcar hasta que esté suave y esponjoso. Batir el huevo.
c) Agregue queso cheddar rallado, orégano seco y tomillo seco. Mezclar bien.
d) En un recipiente aparte, mezcle la harina, el polvo para hornear y la sal. Agregue gradualmente esta mezcla seca a los ingredientes húmedos, mezclando hasta que estén bien combinados.
e) Deje caer cucharaditas redondeadas de masa sobre las bandejas para hornear preparadas.
f) Hornee durante 10-12 minutos o hasta que los bordes estén ligeramente dorados. Deje que las galletas se enfríen en las bandejas para hornear durante unos minutos antes de transferirlas a una rejilla.

97. Galletas de azúcar con parmesano y romero

INGREDIENTES:
- 1 taza de queso parmesano rallado
- 1 taza de mantequilla sin sal, ablandada
- 1 taza de azúcar granulada
- 1 huevo grande
- 1 cucharadita de romero seco, finamente picado
- 2 1/2 tazas de harina para todo uso
- 1/2 cucharadita de polvo para hornear
- 1/2 cucharadita de sal

INSTRUCCIONES:
a) Precalienta el horno a 350 °F (180 °C) y cubre las bandejas para hornear con papel pergamino.
b) En un bol, bata la mantequilla y el azúcar hasta que esté suave y esponjoso. Batir el huevo.
c) Agregue parmesano rallado y romero seco. Mezclar bien.
d) En un recipiente aparte, mezcle la harina, el polvo para hornear y la sal. Agregue gradualmente esta mezcla seca a los ingredientes húmedos, mezclando hasta que estén bien combinados.
e) Deje caer cucharaditas redondeadas de masa sobre las bandejas para hornear preparadas.
f) Hornee durante 10-12 minutos o hasta que los bordes estén ligeramente dorados. Deje que las galletas se enfríen en las bandejas para hornear durante unos minutos antes de transferirlas a una rejilla.

98. Galletas de azúcar gouda y pimienta negra

INGREDIENTES:
- 1 taza de queso gouda rallado
- 1 taza de mantequilla sin sal, ablandada
- 1 taza de azúcar granulada
- 1 huevo grande
- 1 cucharadita de pimienta negra recién molida
- 2 1/2 tazas de harina para todo uso
- 1/2 cucharadita de polvo para hornear
- 1/2 cucharadita de sal

INSTRUCCIONES:

a) Precalienta el horno a 350 °F (180 °C) y cubre las bandejas para hornear con papel pergamino.
b) En un bol, bata la mantequilla y el azúcar hasta que esté suave y esponjoso. Batir el huevo.
c) Agrega el gouda rallado y la pimienta negra recién molida. Mezclar bien.
d) En un recipiente aparte, mezcle la harina, el polvo para hornear y la sal. Agregue gradualmente esta mezcla seca a los ingredientes húmedos, mezclando hasta que estén bien combinados.
e) Deje caer cucharaditas redondeadas de masa sobre las bandejas para hornear preparadas.
f) Hornee durante 10-12 minutos o hasta que los bordes estén ligeramente dorados. Deje que las galletas se enfríen en las bandejas para hornear durante unos minutos antes de transferirlas a una rejilla.

99.Galletas de queso azul y azúcar de nueces

INGREDIENTES:
- 1 taza de queso azul desmenuzado
- 1 taza de mantequilla sin sal, ablandada
- 1 taza de azúcar granulada
- 1 huevo grande
- 1/2 taza de nueces picadas
- 2 1/2 tazas de harina para todo uso
- 1/2 cucharadita de polvo para hornear
- 1/2 cucharadita de sal

INSTRUCCIONES:
a) Precalienta el horno a 350 °F (180 °C) y cubre las bandejas para hornear con papel pergamino.
b) En un bol, bata la mantequilla y el azúcar hasta que esté suave y esponjoso. Batir el huevo.
c) Agrega el queso azul desmenuzado y las nueces picadas. Mezclar bien.
d) En un recipiente aparte, mezcle la harina, el polvo para hornear y la sal. Agregue gradualmente esta mezcla seca a los ingredientes húmedos, mezclando hasta que estén bien combinados.
e) Deje caer cucharaditas redondeadas de masa sobre las bandejas para hornear preparadas.
f) Hornee durante 10-12 minutos o hasta que los bordes estén ligeramente dorados. Deje que las galletas se enfríen en las bandejas para hornear durante unos minutos antes de transferirlas a una rejilla.

100. Galletas de azúcar con queso feta y tomates secos

INGREDIENTES:
- 1 taza de queso feta desmenuzado
- 1 taza de mantequilla sin sal, ablandada
- 1 taza de azúcar granulada
- 1 huevo grande
- 1/2 taza de tomates secos picados (escurridos si están envasados en aceite)
- 2 1/2 tazas de harina para todo uso
- 1/2 cucharadita de polvo para hornear
- 1/2 cucharadita de sal

INSTRUCCIONES:
a) Precalienta el horno a 350 °F (180 °C) y cubre las bandejas para hornear con papel pergamino.
b) En un bol, bata la mantequilla y el azúcar hasta que esté suave y esponjoso. Batir el huevo.
c) Agregue el queso feta desmenuzado y los tomates secos picados. Mezclar bien.
d) En un recipiente aparte, mezcle la harina, el polvo para hornear y la sal. Agregue gradualmente esta mezcla seca a los ingredientes húmedos, mezclando hasta que estén bien combinados.
e) Deje caer cucharaditas redondeadas de masa sobre las bandejas para hornear preparadas.
f) Hornee durante 10-12 minutos o hasta que los bordes estén ligeramente dorados. Deje que las galletas se enfríen en las bandejas para hornear durante unos minutos antes de transferirlas a una rejilla.

CONCLUSIÓN

Al concluir nuestra exploración de "La colección definitiva de galletas de azúcar", le extendemos nuestro agradecimiento por permitirnos ser parte de su viaje culinario. Esperamos que estas 100 divertidas recetas no solo hayan adornado tu mesa sino que también hayan encendido la chispa de la creatividad en tu cocina.

Este libro de cocina no es sólo una guía; es un compañero en tu búsqueda para dominar el arte de las galletas de azúcar. Mientras saboreas las últimas migajas de tus creaciones favoritas, que los sabores perduren, recordándote la alegría que surge al elaborar y disfrutar de estas dulces delicias.

Gracias por acompañarnos en esta caprichosa aventura. Hasta que nuestros caminos culinarios se vuelvan a cruzar, que tu cocina se llene del delicioso aroma de las galletas recién horneadas y que cada bocado te devuelva a la magia lúdica de las galletas de azúcar. ¡Feliz horneado!

www.ingramcontent.com/pod-product-compliance
Lightning Source LLC
Chambersburg PA
CBHW071335110526
44591CB00010B/1158